陶渊明

中国人的精神建筑师

独卧南山心地阔
桃花源里醉流年

廖仲安

ⓒ 廖仲安 2024

图书在版编目（CIP）数据

陶渊明 / 廖仲安著 . -- 大连：大连出版社，
2024.10
（中国人的精神建筑师）
ISBN 978-7-5505-2154-4

Ⅰ.①陶… Ⅱ.①廖… Ⅲ.①陶渊明（365-427）—传记 Ⅳ.① K825.6

中国国家版本馆 CIP 数据核字 (2024) 第099596号

TAO YUANMING
陶渊明

责任编辑：于凤英　张海玲
装帧设计：董　然
责任校对：王　南
责任印制：刘正兴

出版发行者：大连出版社
　　　　地址：大连市西岗区东北路161号
　　　　邮编：116016
　　　　电话：0411- 83620245/83620573
　　　　传真：0411- 83610391
　　　　网址：http://www.dlmpm.com
　　　　邮箱：dlcbs@ dlmpm.com
印刷者：北京金特印刷有限责任公司

幅面尺寸：130mm×185mm
印　　张：7
字　　数：135千字
出版时间：2024年10月第1版
印刷时间：2024年10月第1次印刷
书　　号：ISBN 978-7-5505-2154-4
定　　价：49.80元

版权所有 侵权必究
如有印装质量问题，请与印厂联系调换。电话：010-68661003

〔明〕佚名 《陶潜轶事图》(局部)

目录

001 · 第一章　时代、家世、青年时期

013 · 第二章　从出仕到归田

035 · 第三章　《归去来兮辞》和《归园田居》

047 · 第四章　归田以后的生活

061 · 第五章　《饮酒》二十首

073 · 第六章　《桃花源记》和《桃花源诗》

085 · 第七章　晚年的生活

101 · 第八章　文学上的成就和影响

113 · 附录一　陶渊明名作赏析

151· 附录二 对陶渊明田园诗的一些理解

171· 附录三 说陶二题

183· 附录四 阮籍、陶渊明,"垮掉的一代"?

189· 别　录　陶渊明年谱

第一章 时代、家世、青年时期

陶渊明,名潜,字元亮,私谥靖节,是我国文学史上的大诗人。

他生于晋哀帝兴宁三年(365),上距东晋王朝的建立(317)有四十八年,下距东晋的灭亡(420)有五十五年。

东晋王朝是大士族地主专政的封建王朝。这个政权的主要支柱是西晋末年中原大乱中从北方逃到江南的司马氏、王氏、谢氏等大士族地主,也有南方的朱氏、张氏、顾氏、陆氏等。这个政权建立以后,主要关心的是怎样维护他们的统治地位,保持他们政治上、经济上的种种特权,对于丧失在匈奴、羯、氐、羌、鲜卑等族手中的中原土地和广大人民,他们是漠不关心的。

东晋前期,从北方逃来的人民和南方的人民共同努力,开发了江南的许多荒地,农业生产水平逐步提高。南北人民对东晋政权抱有很大希望,希望它能抵御北方的侵扰并恢复中原,因此,即使身受沉重的剥削压迫,他们仍然支持这个政权。当时,占领北方的各族统治者也忙于互相混战,无暇南侵。于是东晋王朝的统治地位也就逐渐巩固下来了。

但是，统治阶级内部争权夺利的斗争却不断发生，而且愈来愈剧烈。最初是南北士族地主之间的矛盾，接着就是北方大士族内部争夺皇权的矛盾：322年发生了王敦之乱；327年发生了苏峻之乱；347—373年之间，割据荆州的桓温又一直在虎视眈眈地等待着谋反的时机。这是陶渊明出生前的东晋历史的大概轮廓。

陶渊明生活的时代，则是东晋王朝在统治阶级内部矛盾更加尖锐化、在人民起义力量严重打击下日益土崩瓦解的时代。

陶渊明九岁（本书中，年龄按古代传统计龄）那年，因为平定西蜀、收复洛阳取得很大威望、成为东晋王朝长期心腹大患的野心人物桓温死了，此后各士族在谢安执政时期曾经一度团结起来。陶渊明十九岁（383）时，在著名的淝水之战中，处于劣势的东晋军队打败了前秦苻坚百万大军的南侵，并且乘前秦的崩溃，出兵北伐，收复了徐、兖、青、司、豫、梁六州，取得了很大的胜利。但是，385年谢安死后，东晋政权又归昏庸专横的司马道子、司马元显父子把持，帝室内部晋孝武帝和司马道子父子互相争夺权力，帝室和其他士族之间更展开了剧烈的、公开的权力争夺。398年平北将军王恭联络荆州刺史殷仲堪、广州刺史桓玄等起兵反晋，王恭事败被杀后，桓玄入据江州，被各士族推为盟主，继续阴谋反叛。

399年，会稽郡爆发了孙恩领导的反对司马元显强征兵役的农民起义，当时，扬州七郡人民同时举事响应，起义军攻占了会稽、吴兴、义兴等郡。起义失败后，孙恩带着男女二十余万逃至海岛，经常袭击沿海各郡。在农民起义期间，桓玄乘机杀了殷仲堪，入据荆州，402年举兵东下，进入建康（今南京），403年竟实行篡夺，改国号为楚。在平定孙恩起义和桓玄叛乱的过程中，刘裕的势力迅速强大起来。410年，逃到广州的孙恩余部卢循又聚众十万北上经浔阳（唐以前称"寻阳"）迫近建康，后来也被刘裕打败。420年，刘裕废晋恭帝自立。

东晋这个偏安王朝，统治的地域很狭小。其中扬州和荆州最为富庶，两州的户口"半天下"。和东晋对立或造反的军阀如王敦、桓温、殷仲堪、桓玄，往往占据荆州这块上游之地，招兵买马，对抗王命。陶渊明的家乡浔阳郡，属江州，在荆、扬二州之间，经济相当落后，浔阳郡人口户数，不及会稽郡的二十分之一。但在政治、军事上却很重要，往往是王朝和割据势力争夺的焦点。在桓温、桓玄时代，它都处在割据势力范围之内。

陶渊明生活的时代，是老庄无为思想和儒家伦理糅合的玄学风行的时代。这种玄学，一面说儒家君臣等级的伦理关系合乎道家的"自然"，以保护统治阶级的特权地位；一面又用老庄消极无为的哲学来掩盖当时严重而尖锐的民族矛盾和阶级矛盾，以麻痹人民。

当时的文学创作，除了人民创作的民歌而外，也深受玄学思想的影响，死气沉沉。诗歌和辞赋都变成了演绎老庄哲学的工具。尽管国家和人民如此多灾多难，但是玄言诗赋的作者们却照样无动于衷，麻木不仁，用玄虚的词语来粉饰太平。在艺术上，这种玄言诗赋更是枯燥无味、无甚价值。但是，东晋时代的书法、绘画、雕塑却取得了很大的成就。在陶渊明同时或略早的时候，大书法家王羲之、大画家兼雕塑家戴逵、大画家顾恺之相继出现了。这些情况说明玄学思想并不能完全窒息艺术的生命。文学的落后只是暂时的，陶渊明的出现，不仅填补了东晋一百多年诗坛的空白，而且开启了建安以来诗歌发展的一个新的阶段。

陶渊明居住在浔阳郡的柴桑县（今江西九江西南）。据史书说，他的曾祖父陶侃是一个出身孤寒的士人，可能是湖南武陵的溪族人。早年曾经屡次受人奚落歧视，后来凭着武功，才渐渐得到显贵的官职；东晋初期，因为平定苏峻之乱，官至都督八州军事，荆、江二州刺史，封为长沙郡公。但是，当时有一些出身贵族的官僚，仍然在背地里骂他是"溪狗""小人"。陶侃是一个很重视功名事业、勇于进取的人。他曾经发表过不满意"老庄浮华"的言论,他常用"大禹圣者,乃惜寸阴;至于众人,当惜分阴"的话来鼓励人们及时进德修业,不断要求上进[1]。因此,当时也有人评论他"机神明鉴似魏武(曹操),忠顺勤劳似孔明"。陶渊明所写的《命子》诗里,曾经称赞曾祖父是"桓桓长沙",说他受天子"专征南国"的重任,却能够"功遂辞归,临宠不忒"[2],可见他对曾祖父的功勋品德,是颇引为骄傲的。

他的《命子》诗里,也提到了祖父和父亲。说他祖父是"直方二台,惠和千里"[3],由此可以推断他祖父曾经做过一郡的太守。又说他父亲虽然曾经"寄迹风云"[4],却能够"冥兹愠喜"[5]。可惜的是诗里没有提到祖父和父亲的名字。

陶渊明的外祖父孟嘉,曾经做过征西大将军桓温的长史,陶渊明曾经为他写过一篇传记。其中描写了他的人品和风度:

---

[1] 《晋书·陶侃传》。
[2] 功成名就后能自动辞官归家,受皇帝宠爱能不迷惑矜骄。
[3] 在朝廷和地方的内外职位上都以正直闻名,恩惠能普及所管辖的全郡千里之内。
[4] 身入宦途。
[5] 无论官位升降得失,都无喜怒之色。

始自总发①,至于知命②,行不苟合,言无夸矜,未尝有喜愠之容。好酣饮,逾多不乱,至于任怀得意,融然远寄,傍若无人。温③尝问君:"酒有何好,而卿嗜之?"君笑而答曰:"明公但不得酒中趣尔!"又问:"听妓,丝④不如竹⑤,竹不如肉。"答曰:"渐近自然!"(《晋故征西大将军长史孟府君传》)

从这一段话,可见孟嘉是一个既有气节修养,又非常从容坦率的人物。还有一件值得注意的事,孟嘉的妻子,渊明的外祖母,是陶侃的第十个女儿。所以,渊明的母亲,不仅是陶侃的孙媳妇,而且还是陶侃的外孙女。

这个士族家庭的环境,给陶渊明的思想性格带来了种种积极的和消极的影响。但是,却没有给他带来什么优越的物质生活或社会地位。因为他的家族,不是像王、谢那样世代享有政治、经济特权的豪门世家。何况他又不是陶侃的嫡嗣子孙。

---

① 二十岁。
② 五十岁。
③ 桓温。
④ 弦乐。
⑤ 管乐。

陶渊明的父亲大概死得很早,在他少年时代,家道已经衰落。他的《与子俨等疏》说自己"少而贫苦"。《自祭文》说:"自余为人,逢运之贫。箪瓢屡罄①,绨绤冬陈②。"这些片言只字都是他少年生活的实录。当然,他的家庭究竟还是士大夫家庭,生活尽管贫困,总有一点田地产业的收入来支持全家布衣蔬食的俭朴生活。

陶渊明少年时代,物质生活虽然很贫困,精神生活却是相当丰富的。在"学者以《庄》《老》为宗,而黜《六经》"(干宝《晋纪总论》)的两晋时代,他不仅像一般士大夫那样学习了《老子》《庄子》这些必读的玄学经典著作,而且还学习了儒家的《六经》。他的《饮酒》诗说:"少年罕人事,游好在六经。"这一点是和他的家庭教育有关的。他曾祖父是有儒家务实进取精神,不满老、庄思想的人。他外祖父孟嘉,在庾亮"崇修学校,高选儒官"的时候,也曾被庾亮选为劝学从事。他少年时代对儒家经典的浓厚兴趣,正是和这个家庭背景分不开的。此外,我们还可以看到他少年时代对《史记》也是非常喜爱的。至于其他的书籍,如先秦汉魏以来的许多史学、文学著作,就不必多

---

① 没有吃的喝的。箪(dān),装食物的容器。
② 冬天还穿着葛布的单衣。绨绤(chī xì),葛之细者曰绨,粗者曰绤。引申为葛服,此指夏季衣物。

说了。

　　这些儒家、道家的经典,史学、文学的名著,在陶渊明年轻的心里引起了很大的兴趣和丰富的想象。儒家的经典教导他有所进取,道家的哲学又教导他有所不为,这些互相矛盾的哲理,使他在进入社会以前,已经对人生道路有了种种的设想。他的《感士不遇赋》开头就说,人是万物之灵,有意识和智慧,有伦理和纲常,就应该有自己所坚持的理想和信念。或者是"击壤以自欢"①,或者是"大济于苍生",二者都不失为一种理想,都可以"傲然以称情"。但是,他并不是一开始就选择了"击壤自欢"的隐居道路,而且事实恰恰相反。他回忆少年生活的一些诗句告诉我们:

　　　　忆我少壮时,无乐自欣豫。
　　　　猛志逸四海,骞翮思远翥②。(《杂诗》)

　　　　少时壮且厉,抚剑独行游。
　　　　谁言行游近,张掖至幽州。(《拟古》)

---

① 过独善其身的隐居自得的生活。
② 幻想远走高飞。翮(hé),鸟的翅膀。翥(zhù),高飞。

这两段诗里，洋溢着他青年时代乐观奋发的热情，身在江南，却幻想着西北和东北的边塞。从这些意气飞扬的浪漫诗句里，我们可以联想到他曾祖父陶侃念念不忘"致力中原"、重新统一中国的抱负对他有一定的影响。前面提到，陶渊明十九岁到二十一岁的时候，东晋王朝曾经取得了淝水之战的胜利，并收复了徐、兖等六州。这些诗句中洋溢着的少年豪气，很可能是这些胜利所激发的。

不过陶渊明少年时代的生活还有另一方面。他从小在邻近长江、鄱阳湖、庐山的浔阳柴桑的乡村中长大，朝夕和美丽的山水田园景色接触。他生活的时代，又是自然美感在人们意识中日益显豁的时代，《世说新语》里可以看到东晋人赞美山水的许多名言隽语。老、庄崇尚自然的哲学思想和美妙的寓言，《诗经》《楚辞》以及汉魏以来诗歌、辞赋和散文中描绘自然的许多精美的片段，又给他以丰富的启示。因此，他从小也就喜爱自然：

少无适俗韵，性本爱丘山。（《归园田居》）

少学琴书，偶爱闲静。开卷有得，便欣然忘食。见树木交荫，时鸟变声，亦复欢然有喜。尝言五六月

中,北窗下卧,遇凉风暂至,自谓是羲皇上人①。(《与子俨等疏》)

也正是由于喜爱自然,他竟给自己取了一个"五柳先生"的别号,并且模仿庄子的寓言,写了一篇别致的《五柳先生传》:

> 先生不知何许人也,亦不详其姓字,宅边有五柳树,因以为号焉。闲静少言,不慕荣利。好读书,不求甚解,每有会意,便欣然忘食。性嗜酒,家贫不能常得。亲旧知其如此,或置酒而招之。造②饮辄尽,期在必醉。既醉而退,曾不吝情去留。环堵萧然,不蔽风日;短褐穿结,箪瓢屡空,晏如③也。常著文章自娱,颇示己志。忘怀得失,以此自终。……

这篇小传,正是他青年时代淳朴坦率的生活风貌呈现。从中我们又会联想到他和他外祖父孟嘉的思想性格是有某些相似之点的。

---

① 远古伏羲时代的人。
② 去。
③ 安然自得。

陶渊明大约在二十岁以后结了婚,第一位妻子姓什么,无法考证,但不久就死了。他在《怨诗楚调示庞主簿邓治中》中所谓"弱冠逢世阻,始室丧其偏①"就是指这件事。不久之后,他续娶翟氏。翟氏很贤惠,"能安勤苦",后来和他一起躬耕。他有五个男孩子。长子俨,小名阿舒,可以肯定是前妻所生。其余四个孩子俟、份、佚、佟,小名阿宣、阿雍、阿端、阿通,大概都是翟氏所生。

从以上的叙述中,我们可以看到,陶渊明在二十九岁进入仕途以前,人生道路还只是刚刚拉开序幕,生活的方向还没有完全确定,他的志趣是有变化、有矛盾的,有时很豪放,有时又很淡泊。但是,无论豪放或淡泊,其中都有一种"无乐自欣豫"的青年人的乐观情调。

---

① 古代丧妻或丧夫,都称为"偏丧"。

第二章 从出仕到归田

晋孝武帝太元十八年（393），陶渊明二十九岁。这一年，他第一次出来做官。萧统《陶渊明传》说：

> 亲老家贫，起为州祭酒。
> 不堪吏职，少日自解归。

他的《饮酒》诗自述说：

> 畴昔①苦长饥，投耒②去学仕③。
> 将养不得节④，冻馁⑤固缠己。
> 是时向立年⑥，志意多所耻。……

---

① 往昔。
② 耒（lěi），农具。
③ 初次做官自谦为"学仕"。
④ 不能按时奉养，指无力供养父母。将养，供奉。不得节，不能按时。
⑤ 饥饿。
⑥ 将到三十岁。

这就是他初次出仕的全部情况。他二十九岁才出来做官，而且是做一个很小的州祭酒，应该说是很不得志的。他生活在一个门阀士族统治、等级制度非常森严的时代。当时人说："上品无寒门，下品无士族。"其实做一个下品官也很不容易。他曾祖父最初出来做官的经历就是很惨痛的。陶侃的母亲湛氏为了求人替儿子谋一个小官，不惜把自己的头发剪下卖了，去买米和酒菜，把屋柱斫了当柴烧，把床席剉碎当马草喂客人的马，这样毁家破产地招待客人，客人心里实在过意不去，才尽力推荐陶侃做了一个小官。陶渊明虽然是陶侃曾孙，但并非嫡嗣本支。他求官即使比曾祖父当年好一点，也不会好多少。他做州祭酒并没有多久，就辞职回家，这里也有他的痛苦辛酸，从"不堪吏职""志意多所耻"两句中，我们可以估计，大概由于陶渊明性情刚直坦率，因而受不了做小官的种种拘束和折磨，看不惯官场中那种谄上骄下、胡作非为的黑暗现象。

他辞职以后不久，州里又召他去做主簿（主管文书簿籍的官吏），也被他辞谢了。这次辞官之后，他就在家里闲了六七年。

大约在晋安帝隆安四年（400），他才到桓玄手下去做事。在这一年和次年中，他写了下面的诗：

行行循归路,计日望旧居。

一欣侍温颜①,再喜见友于②。

鼓棹路崎曲,指景③限西隅。

江山岂不险,归子念前途。

凯风④负我心,戢枻⑤守穷湖⑥。

高莽⑦眇无界,夏木独森疏。

谁言客舟远,近瞻百里余。

延目识南岭⑧,空叹将焉如!(《庚子岁五月中从都还阻风于规林》其一)

自古叹行役,我今始知之。

山川一何旷,巽⑨坎⑩难与期。

崩浪聒天响,长风无息时。

---

① 指母亲。
② 指兄弟。
③ 日影。
④ 南风。
⑤ 戢枻(jí yì),停舟。
⑥ 指鄱阳湖。
⑦ 深茂的野草。
⑧ 即庐山。
⑨ 风。
⑩ 水。

久游恋所生①,如何淹在兹。

静念园林好,人间②良可辞。

当年③讵④有几?纵心复何疑。(同上其二)

闲居三十载,遂与尘事冥⑤。

诗书敦宿好,林园无世情。

如何舍此去,遥遥至南荆⑥。

叩枻⑦新秋月,临流别友生⑧。

凉风起将夕,夜景湛虚明⑨。

昭昭天宇阔,皛皛⑩川上平。

怀役不遑寐,中宵尚孤征。

---

① 指母亲。
② 指仕途。
③ 壮年。
④ 讵(jù),岂。
⑤ 和官场俗事远离。
⑥ 即荆州江陵。
⑦ 开船。
⑧ 朋友。
⑨ 月色澄净空明。
⑩ 皛(xiǎo),皎洁。

商歌①非吾事，依依在耦耕②。

投冠③旋旧墟，不为好爵萦。

养真衡茅④下，庶以善自名。《辛丑岁七月赴假还江陵夜行涂口》

对这三首诗，我们要做一点必要的说明。从后一首诗的题目中"赴假⑤还江陵"，我们知道陶渊明辛丑这一年（401）正在荆州做官。而荆州刺史这个要职，自399年到403年这五年中一直都是桓玄担任，说他这年在桓玄手下做事，是无可怀疑的。而且从"赴假"两字，我们还可以进一步肯定他在请假以前早已经是桓玄手下的官吏。因此，我们把他仕桓玄的时间上推到庚子年（400），说前两首诗中写的"行役""从都还"，是为桓玄的公事，也是完全合乎情理的推论。

桓玄是桓温的小儿子，桓温死时他只有五岁，长大后袭父爵，做一些小官，心里很不得意。后来凭借着父亲的

---

① 商歌：指春秋时齐人甯戚想从政时所唱的歌，此处指出仕。
② 指归田隐居。
③ 辞官。
④ 茅屋。
⑤ 回任销假。

威望，又利用当时皇族和各士族之间的矛盾，以及各士族互相之间的矛盾，逐渐扩大了自己的势力，398年竟成为各士族的反晋联盟的盟主。399年当东晋王朝遭受孙恩起义威胁，无力西顾的时候，他就用阴谋手段从殷仲堪手里夺取了荆州刺史。我们知道，陶渊明的外祖父孟嘉曾经做过桓温的长史，他对桓温的抱负和功勋事业一定是相当熟悉的。也许就是因为这个缘故，陶渊明对桓玄也产生了一些幻想，所以就到桓玄手下来做事，想实现他"大济苍生"的理想。

陶渊明来到桓玄手下做事的时候，桓玄刚刚袭杀了殷仲堪，剪除了殷的余党。正在一面培养心腹、招兵买马，并制造种种所谓祥瑞的征兆来煽惑人心，为他的篡夺帝位做准备。另一方面，又借口孙恩之乱，屡次上表要求出兵勤王，实际上也是借此窥探皇室的虚实，以便找适当的机会实现篡夺。桓玄的这些举动，陶渊明来到他手下以后，一定是看得清清楚楚的。无论陶渊明有没有忠于东晋的想法，以他的思想性格，对桓玄这个人的品格和作为一定会感到完全失望的。桓温虽然也是野心家，但他的确有一番恢复中原、统一中国的雄心，这一点和陶侃极其相似。桓玄却只图个人的私利。有远大抱负、性情刚直的陶渊明，绝不肯自附为桓玄这样一个人的心腹，与他同流合污。在桓玄这种野心家下面做事，如果不做他的心腹，往往就会受到排斥打击,甚至有被阴谋陷害的危险。

懂得了上面所说的历史背景,我们再读他上述三首诗,也许就可以约略看出陶渊明在字里行间所透露出来的痛苦心情了。他明明在桓玄手下做着官,当着差,但是诗里对官事却一句也没有提。他遵循着阮籍以来许多魏晋人物处世的经验,"发言玄远①,口不臧否②人物"。也许是不敢提,也许是不屑一提,我们且不去揣测。但是我们仔细读一下就会看到,"如何舍此去,遥遥至南荆"这里对出仕桓玄有无限的悔恨。"久游恋所生,如何淹在兹""怀役不遑寐,中宵尚孤征",对自己所过的俯仰由人的宦途生活有深长的感叹。"静念园林好,人间良可辞","商歌非吾事,依依在耦耕。投冠旋旧墟,不为好爵萦",更明显地说出他不顾爵禄荣利的诱惑,决计辞官归田的内心打算。

根据他的《祭程氏妹文》:"昔在江陵,重罹天罚。"他大概在401年冬天遭逢母丧,然后就辞去桓玄的官职,回家了。

晋安帝元兴二年(403),桓玄诛杀了司马元显,自居为相国,声势煊赫,朝野震动。但是,陶渊明在这一年的

---

① 玄虚抽象。
② 褒贬评价。

春天，却在家里开始了躬耕的生活，实践他"商歌非吾事，依依在耦耕"的夙愿。从这件事，我们也就可以更明白地看出他对桓玄的态度了。根据躬耕生活的体验，他写了著名的《癸卯岁始春怀古田舍二首》：

> 在昔闻南亩，当年竟未践。
> 屡空既有人，春兴岂自免。
> 夙晨装吾驾，启途情已缅①。
> 鸟哢②欢新节，泠风送余善③。
> 寒竹被荒蹊，地为罕人远。
> 是以植杖翁④，悠然不复返⑤。
> 即理愧通识，所保讵乃⑥浅。⑦
>
> 先师⑧有遗训，忧道不忧贫。

---

① 远。
② 哢（lòng），鸟鸣。
③ 轻风吹拂，无限美妙。
④ 指古代隐者荷蓧丈人。
⑤ 躬耕自乐，不愿返回朝廷、仕途。
⑥ 指躬耕自乐之理。
⑦ 通达的见识。
⑧ 孔子。

瞻望邈难逮①,转欲志长勤②。

秉耒欢时务③,解颜劝农人。

平畴交远风,良苗亦怀新。

虽未量岁功,即事多所欣。

耕种有时息,行者无问津④。

日入相与归,壶浆劳近邻。

长吟掩柴门,聊为陇亩民。

  陶渊明过去也从农民那里听说过耕种的事,在读《论语》的时候,对长沮、桀溺、荷蓧丈人这些躬耕避世的古代贤士也有钦慕之心,但是,却没有亲自干过庄稼活。现在,因为贫困生活的逼迫,他开始觉得孔子说的"君子谋道不谋食","忧道不忧贫"的话非常不切实际,于是不得不学起老农来了。(在写这两首诗的同时,他还写了一首《劝农》诗,引比孔子更早的两位圣人"舜既躬耕,禹亦稼穑"的

---

① 说自己不能"不忧贫"。
② 指躬耕。
③ 及时的耕种。
④ 《论语》有"长沮、桀溺耦而耕,孔子过之,使子路问津焉"。津是渡口,这里诗人自比为长沮、桀溺,叹息当时无孔子那样的人。

故事，婉转地和孔子讥笑樊迟的话辩论）当他第一次走向田野的时候，心情非常兴奋。初春的鸟叫声显得格外的欢快，初春的和风也好像特别的轻柔。"平畴交远风，良苗亦怀新。虽未量岁功，即事多所欣。"不仅写出新生秧苗在春风中欣欣向荣的生机，更洋溢着他看到自己劳动的初步成果时那种迫不及待的喜悦心情。他诗中以荷蓧丈人、长沮、桀溺自比，不仅隐然有逃避乱世的用意，而且对躬耕的古人表示仰慕追随，初步建立了以"躬耕自资"作为自己人生的落脚点的思想。"即理愧通识，所保讵乃浅"，一方面是以谦逊的口吻表述自己的人生观，并且讽刺了同时代的那些标榜老、庄，"以放浊为通而贱守节"的士大夫。对照着这些人物，他更懂得了自己所选择的安贫躬耕生活道路的可贵，在心里埋下了一个"聊为陇亩民"的愿望。

这一年的冬天，桓玄终于篡位了，改国号为楚，把晋安帝迁到陶渊明的家乡浔阳。但是陶渊明这时仍然在家里过着贫困的生活。他的《癸卯岁十二月中作与从弟敬远》这首诗，正描写了他这时的生活和心情：

寝迹衡门①下，邈与世相绝。

---

① 即柴门。

顾盼莫谁知,荆扉昼常闭。
凄凄岁暮风,翳翳①经日雪。
倾耳无希声,在目皓已洁。
劲气侵襟袖,箪瓢谢屡设。
萧索空宇②中,了无一可悦!
历览千载书,时时见遗烈。
高操非所攀,谬得③固穷节。
平津④苟不由,栖迟⑤讵为拙!
寄意一言外,兹契谁能别?

敬远是陶渊明的叔伯兄弟,比渊明小十六岁。两人的母亲又是姊妹。他们之间志趣非常投合。据后来陶渊明写的《祭从弟敬远文》,他们两人曾经在一起耕种,在贫困饥寒生活中常常互相谈心勉励。这篇祭文中有一段说:"念畴昔日,同房之欢。冬无缊褐,夏渴瓢箪。相将以道,相开以颜。岂不多乏,忽忘饥寒。余尝学仕,缠绵人事。流浪

---

① 翳(yì),阴晦。
② 空屋。
③ 自谦之辞。
④ 大道,喻人所共趋的仕途。
⑤ 指隐居。

无成,惧负素志。敛策归来,尔知我意。常愿携手,置^①彼众议^②。"这一段祭文中所回忆的情景、这首诗中所描写的生活和所抒发的感情,非常相合。这首诗开头四句,就表现出一种高傲遗世的态度,对桓玄称帝,不屑一谈。下面用凄凄、翳翳的暮冬阴暗天色衬出雪景的晶莹洁白,用饥寒萧索的贫困情景衬出诗人自己光明磊落的气节胸怀,情景交融,显出了诗人高尚坚定的风貌。

晋安帝元兴三年(404),陶渊明已经四十岁了。孔子说:"四十、五十而无闻焉,斯亦不足畏也已。"陶渊明虽然离开了桓玄,但是他对事业前途并没有完全绝望。大约在这一年,他写了《荣木》这首四言诗来勉励自己。诗序说:"荣木,念将老也。日月推迁,已复九夏。总角闻道,白首无成。"对自己的一生事业,颇有些急躁不安的感慨。全诗共四章,最后一章说:

先师遗训,余岂云坠。

四十无闻,斯不足畏。

脂我名车,策我名骥。

---

① 放置,不管。
② 指别人嘲笑自己的话。

千里虽遥,孰敢不至!

这里他表示自己并不甘心"四十无闻"。他还想驱车策马,不远千里地去寻找发挥自己才能的机会。果然,就在这一年,他又离家出仕,做了刘裕的参军。

这一年,东晋的政局又发生了新的变化。桓玄篡帝位以后,非常残酷专横,作威作福,引起下面许多臣子的反对。二月,建武将军下邳太守刘裕纠集文武官吏中反对桓玄的各方面力量,从京口(今江苏镇江)起兵讨伐桓玄。三月,桓玄兵败出走,从江州把晋安帝劫持到江陵。刘裕兵入建康后,被文武臣僚推为镇军将军、徐州刺史,都督八州军事,统帅各方军队继续讨伐桓玄。

刘裕本来是一个出身行伍的军人。在孙恩起事以后的四五年中,从一个无名人物一跃而为都督八州军事的大将。他打入建康以后,作风也颇有不平凡的地方。东晋王朝的政府长期以来存在"百司废弛"的积重难返的腐化现象,但是经过刘裕"以身范物①,先以威禁②"的整顿,"内外百官,皆肃然奉职。二三日间,风俗顿改"。其性格、才干、功绩,

---

① 以身作则。
② 预先下威严的禁令。

和陶侃颇有相似的地方。不甘心"四十无闻"的陶渊明，对刘裕这样一个新起的人物一度产生幻想，是可能的。刘裕对这个能及早脱离桓玄归田隐居的文人也可能有一定的好感，才愿意引用他。

但是入幕以后，他又对刘裕感到失望了。刘裕当时只是掌握了东晋王朝的部分军事、政治权力，羽翼尚未丰满。虽然如此，他在这一年之中，为了剪除异己势力，已经杀害了讨桓玄有功的刁逵全家，杀害了无罪的王愉父子，并且凭着私情，把众人认为应该诛杀的桓玄心腹人物王谧任命为录尚书事领扬州刺史这样极为重要的官职。至于刘裕部下官僚中的坏人坏事就更难以列举了。陶渊明凭着两次出仕的经验，很快就看清了这种种黑暗的现象。他这一年中写的《始作镇军参军经曲阿作》这首诗，也以极委婉曲折的诗笔，写出了他这次出任镇军参军的思想变化：

> 弱龄寄事外，委怀在琴书。
> 被褐①欣自得，屡空常晏如。
> 时来苟冥会②，宛辔憩通衢③。

---

① 指贫穷。
② 时机偶然投合。
③ 屈驾于仕途。

投策命晨装,暂与园田疏。

眇眇孤舟逝,绵绵归思纡。

我行岂不遥,登降千里余。

目倦川途异,心念山泽居。

望云惭高鸟,临水愧游鱼。

真想初在襟①,谁谓形迹拘②?

聊且凭化迁,终返班生庐③。

从《荣木》的"脂我名车,策我名骥"到这首诗的"时来苟冥会,宛辔憩通衢",思想行动的前后线索,本来是非常清晰的,但是,他这首诗却给我们留下一个疑问:他为什么刚刚"投策命晨装,暂与园田疏",很快就"目倦川途异,心念山泽居"呢?显然,这里的"川途",不仅是指一般的山川道路,还兼指世路与宦途。而且,"真想初在襟,谁谓形迹拘"这两句诗也多少暗示了他思想变化的过程。他最初出仕,本是怀着理想的。后来看见事不可为,又仅感仕宦形迹的拘束,所以紧接着就表示要回去隐居。

但是,陶渊明并没有马上回家。离开刘裕以后,他又

---

① 自己的理想本来藏在胸怀中。
② 外在的仕宦形迹又怎能拘束呢?
③ 指隐者所居。

做了建威将军江州刺史刘敬宣的参军。刘敬宣就驻军在陶渊明的家乡浔阳,离柴桑很近,这大概是他暂时就职的原因。他在晋安帝义熙元年(405)写的《乙巳岁三月为建威参军使都经钱溪》中说:

> 我不践斯境,岁月好已积。
> 晨夕看山川,事事悉如昔。
> 微雨洗高林,清飙①娇云翩。
> 眷彼品物存,义风都未隔②。
> 伊余何为者,勉励从兹役。
> 一形似有制,素襟不可易。
> 园田日梦想,安得久离析。
> 终怀在归舟,谅哉宜霜柏③。

钱溪即今天安徽贵池的梅根港,这里虽然是陶渊明仕桓玄、刘裕以来经常走过的地方,但是一直以来,他大概都因为行色匆匆,未能舍舟登岸。这次,他的船在这里停泊时间较长,登岸再践斯境,"晨夕看山川",很惊讶这一

---

① 飙(biāo),暴风、疾风。
② 二句意为:云雨适时,万物并茂,天道通于万物,无所阻隔。
③ 说自己应坚守松柏一样的节操。

带的山川景色，在经历了几年的战乱之后仍然"事事悉如昔"，好像变乱的时代里也还有不变的东西。"一形似有制，素襟不可易"两句，和前诗中"真想初在襟，谁谓形迹拘"，不仅意思完全相同，甚至语言也相似。"似有"两字，用得尤其微妙，他的理想已经坚定不移了，宦途的形迹已经不可能再拘束他了。"园田日梦想，安得久离析"，是他仕桓玄以来在诗作中经常重复的愿望。现在，他归田的"终怀"已定，眼前的这次行役，只好"勉励"为之了。刘敬宣任建威将军江州刺史的时间是404年四月到405年三月。陶渊明这次"使都"的任务，大概就是替刘敬宣上表辞职。刘敬宣离职后，他当然也就去职了。

同年秋天，陶渊明做了彭泽（今江西彭泽）令。这是他仕途生活中的最后一任官职。他这次做官到辞官的前后过程，萧统的《陶渊明传》（后简称《传》）叙述得最为详细：

……复为镇军、建威参军，谓亲朋曰："聊欲弦歌①，以为三径②之资可乎？"执事者闻之，以为彭泽令。

---

① 《论语》记子游为武城宰，孔子路过那里，闻弦歌之声。这里弦歌，即做小地方官之意。

② 指隐居的处所。

不以家累自随。送一力①给其子,书曰:"汝旦夕之费,自给为难,今遣此力助汝薪水之劳②。此亦人子也,可善遇之。"公田悉令吏种秫③,曰:"吾常得醉于酒,足矣!"妻子固请种粳④。乃使二顷五十亩种秫,五十亩种粳。岁终,会郡遣督邮至。县吏请曰:"应束带见之。"渊明叹曰:"我岂能为五斗米折腰向乡里小儿!"即日解绶⑤去职,赋《归去来》。

他的《归去来兮辞·并序》(后简称《序》)里对这次做官经过,也有比较详细的记述:

余家贫,耕植不足以自给。幼稚盈室,缾⑥无储粟。生生所资,未见其术⑦。亲故多劝余为长吏⑧,脱然有怀,

---

① 仆人。
② 斫柴担水的劳动。
③ 糯米之类,可以做酒。
④ 大米之类。
⑤ 指解官。
⑥ 同瓶。
⑦ 谋生之术。
⑧ 县府中的丞、尉,指小官。

求之靡途①。会有四方之事②，诸侯③以惠爱为德。家叔④以余贫苦，遂见用为小邑。于时风波⑤未静，心惮远役。彭泽去家百里，公田之秋，过足为润，故便求之。及少日，眷然有归欤之情。何则？质性自然，非矫厉⑥所得。饥冻虽切，违己交病。尝从人事⑦，皆口腹自役。于是怅然慷慨，深愧平生之志。犹望一稔⑧，当敛裳宵逝⑨。寻⑩程氏妹丧于武昌，情在骏奔，自免去职。仲秋至冬，在官八十余日。因事顺心，命篇曰归去来兮。乙巳岁十一月也。

《传》和《序》的叙述，互相对照，说法有同有异。经过研究，其过程大概是这样：

陶渊明这次出仕彭泽令的动机，是为归隐生活做物质

---

① 无门路。
② 指讨伐桓玄的战争。
③ 大概指刘裕、刘敬宣。
④ 可能是当时做太常的陶夔。
⑤ 指战事。
⑥ 强制。
⑦ 出仕之事。
⑧ 谷一熟为一稔。
⑨ 卷起行李立即就走之意。
⑩ 不久。

的准备。说穿了,也就是为了归隐以后能有酒喝,有饭吃。《传》中"聊欲弦歌,以为三径之资"这句话说得很明白。《序》中说的"公田之秫,过足为润",意思也是为"三径之资"。他在仕刘裕、刘敬宣的时候,早已有了辞官归田的决心,但是也产生了"真想初在襟,谁谓形迹拘","一形似有制,素襟不可易"的想法,觉得宦途形迹并不足以改变他既定的意志,因此也就产生了"聊欲弦歌,以为三径之资"的想法和做法。我们联系他这个思想变化的过程,可以肯定地说,他去官的决心是在仕彭泽以前早就决定了的。因此,他出仕彭泽,只是为了"三径之资",只是一种短期的打算。

但是,这种为谋隐而求官彭泽的行为,很快就在他的思想上引起了强烈的矛盾。这一点,《序》里讲得很明白。"及少日,眷然有归欤之情",说明他到官不久,内心就矛盾起来了。"质性自然,非矫厉所得。饥冻虽切,违己交病",说明这种违反自己个性和理想的为口腹自役的行为,对他来说太痛苦了!但是,他又产生了退一步的想法:等来年公田收获一次以后再辞官吧!正在两种想法矛盾未决的时候,妹妹死在武昌的噩耗传来了,于是他做了马上辞官的决定,坚决地走了。

至于《传》上说的他们夫妻之间为公田种秫、种粳而争论协商的一段小插曲，可能是一种想象附会的传说。事实上，陶渊明做彭泽令的时间是"仲秋至冬，在官八十余日"，这显然不是种秫、种粳的季节①。不肯束带折腰见督邮因而辞官的事，尽管流传很广，我们却无法肯定其有无。不过，即使是出于传闻，也很形象地表现了陶渊明"质性自然，非矫厉所得"的个性。

从辞彭泽令这件事来看，我们可以看出陶渊明高出于一般魏晋名士。晋宋时代的人物，虽然个个讲清高，但个个都要官职。这边一面清谈，那边一面招权纳货。陶渊明却真是一个能不要官职的人物。

陶渊明十三年的仕途生活，经过不断的思想矛盾斗争，就这样结束了！

---

① 参看宋马永卿《懒真子》"靖节公田之利"一条。

第三章 《归去来兮辞》和《归园田居》

陶渊明的《归去来兮辞》和《归园田居》是标志着他出仕生活结束、归田生活开始的名作，也是表达他对上层社会不满的自白。

如前节所述，陶渊明十三年的生活，是曲折复杂、充满矛盾的，也是相当痛苦的。他本来是"猛志逸四海"，愿意"大济苍生"的人，十三年来，他时而出仕，时而归隐；既在和东晋王朝对立的桓玄下面做过事，又在当时还拥戴东晋的刘裕下面做过事，到头来，对两方都完全失望了。总之，这十三年，是他为实现理想抱负而不断尝试，不断失望，终至绝望的十三年。我们且看他的《归去来兮辞》吧！

> 归去来兮，田园将芜胡①不归？既自以心为形役，奚②惆怅而独悲！悟已往之不谏，知来者之可追。实迷途其未远，觉今是而昨非。

---

① 怎么。
② 为什么。

开头两句以当头棒喝的呼唤,振起全篇,接着又责问自己。他把自己十三年中的仕途生活,看作是失路人走过的一段"迷途"。很显然,在他所处的那个黑暗混乱的时代里,他只能通过这样的自责来委婉曲折地表现他的悔恨和痛苦。十三年来,在政局的风云变幻中,他见过听过多少黑暗卑鄙的阴谋内幕、多少残酷的不义战争。他的家乡、他的职务都和这些现实紧紧地联系在一起,他想要闭着眼睛不看也不可能。他晚年写的《感士不遇赋》里说:"密网裁而鱼骇,宏罗制而鸟惊。彼达人之善觉,乃逃禄而归耕。"正是用隐晦含蓄的话反映了他这些年在宦途中所目击、所痛恨、唯恐避之不速的黑暗现实。总之,这十三年的宦场生活,在他看来,一是可耻,二是可怕。懂得了这段自责仕宦生活失策的话的真意,我们就可以更深入地体会下一段文字:

舟遥遥以轻扬,风飘飘而吹衣。问征夫[①]以前路,恨晨光之熹微。乃瞻衡宇[②],载[③]欣载奔。僮仆欢迎,稚子候门。三径就荒,松菊犹存。携幼入室,有酒盈樽。

---

① 远行之人。
② 简陋的房屋,指故宅。
③ 且。

引壶觞以自酌,眄^①庭柯以怡颜。倚南窗以寄傲,审容膝之易安。园日涉以成趣,门虽设而常关。策扶老以流憩,时矫首而遐观。云无心以出岫^②,鸟倦飞而知还。景翳翳以将入,抚孤松而盘桓。

这一段自喜还家的文字,写得这样眉飞色舞,笑逐颜开。"舟"之"轻扬","风"之"吹衣",写出辞官后如释重负的心情。"乃瞻衡宇,载欣载奔",写出归心如箭的行色,"僮仆欢迎,稚子候门"以下八句,由"门"而"径",由"径"入"室",层次井然地写出到家的温暖。"眄庭柯""倚南窗",更在怡然自得中流露了他孤介的个性。"云无心以出岫"以下四句,尤其情景交融,寄托深远。宋叶梦得《避暑录话》说:"'云无心以出岫,鸟倦飞而知还',此陶渊明出处大节,非胸中实有此境,不能为此言也。"清陶澍集注《靖节先生集》说"景翳翳以将入,抚孤松而盘桓",是"闵晋祚之将终,深知时不可为,思以岩栖谷隐,置身理乱之外,庶得全其后凋之节也"。是否哀闵"晋祚",暂置不论,但其他的话,的确相当切中陶渊明的身世和心情。

---

① 眄(miǎn),斜视。
② 岫(xiù),山穴。

归去来兮，请息交以绝游。世与我而相违，复驾言①兮焉求？悦亲戚之情话，乐琴书以消忧。农人告余以春及，将有事于西畴②。或命巾车，或棹孤舟。既窈窕③以寻壑，亦崎岖而经丘。木欣欣以向荣，泉涓涓而始流；善万物之得时，感吾生之行休。已矣乎，寓④形宇⑤内复几时，曷不委心任去留？胡为乎遑遑兮欲何之？富贵非吾愿，帝乡不可期。怀良辰以孤往，或植杖而耘耔；登东皋⑥以舒啸⑦，临清流而赋诗，聊乘化以归尽，乐夫天命复奚疑！

这一段，是他初到家时对未来田园生活的希望。他想象的虽是未来的生活，但其中也融合了他青年时代的生活情趣，融合了他初次躬耕的生活体验。他的"息交绝游"，是想断绝和上层社会的联系，只和自己的亲戚、相邻的农民共乐田园的生活。"富贵非吾愿"，也是同样的意思。因

---

① 指出游。
② 田亩。
③ 山道深远。
④ 寄。
⑤ 宇宙。
⑥ 泛指田野高地。
⑦ 仙乡。

为"帝乡不可期",他不愿追求那渺茫的神仙世界,把未来的生活乐趣寄托在出游、耕耘、长啸、赋诗之中。结尾两句,点出他随顺自然、乐天知命的人生哲学,可以看出道家的哲学已经在他思想中有了重要的地位。

北宋文学家欧阳修说:"晋无文章,唯陶渊明《归去来兮辞》而已!"[1]对这篇作品的评价是很高的。

《归去来兮辞》作于405年冬天。第二年的春天和夏天,他又写了著名的《归园田居》五首。这一年陶渊明四十二岁。

少无适俗韵,性本爱丘山。
误落尘网中,一去三十年。
羁鸟恋旧林,池鱼思故渊。
开荒南野际,守拙归园田。
方宅十余亩,草屋八九间。
榆柳荫后檐,桃李罗堂前。
暧暧[2]远人村,依依墟里烟。
狗吠深巷中,鸡鸣桑树颠。

---

[1] 元李公焕《笺注陶渊明集》卷五引。
[2] 昏暗。

户庭无尘杂,虚室有余闲。
久在樊笼里,复得返自然。(第一首)

这是第一首,和前面引述过的《辛丑岁七月赴假还江陵夜行涂口》《始作镇军参军经曲阿作》等诗相似,这首诗也是从少年时代的生活说起。他这些诗都用这样的开头,并不是偶然的。从前面的论述中,已经可以看出诗中所说的"尘网""樊笼",不只是意味着仕途的庸俗和污浊,还意味着更可怕的黑暗阴谋和残酷屠杀对他的威胁。对照着这样污浊险恶的环境,他少年时代那种"屡空常晏如""无乐自欣豫"的生活,就是一生中最值得回忆的黄金时代了。因此,过去十多年中,当他在外面奔波、当许多痛苦折磨着他的时候,这一段生活就不断地在他回忆中、梦寐中出现,召唤着他。现在,他像一只鸟儿,从黑暗可怕的牢笼里飞回来了,日夜萦回梦想着的山岗、田野、村落、炊烟又出现在他面前了。他不仅重新回到了这片熟悉的田野的怀抱里,同时也重新开始了一种新的生活。"久在樊笼里,复得返自然。"他的感情在平静温和中是有着深深的激动的。人们也许会问:经过战乱的浔阳农村会像他描写的这样和平宁静吗?其实,正因为诗人是刚从可怕的"尘网""樊笼"里解放出来,所以他才感到农村是这样的和平、宁静。

他并没有掩盖战乱的痕迹,《归园田居》第四首就有所触及。

> 野外罕人事,穷巷寡轮鞅①。
> 白日掩荆扉,虚室绝尘想。
> 时复墟曲中,披草共来往。
> 相见无杂言,但道桑麻长。
> 桑麻日已长,我土日已广。
> 常恐霜霰至,零落同草莽。(第二首)

辞官归田,不过是陶渊明躬耕的开始。我们不能设想他会像一个农民那样成年累月都在田里劳动。他归田初期,家里是有奴仆的。他做彭泽令时曾送一个奴仆给家里使唤。他辞彭泽令归来有"僮仆欢迎"。他终究是一个"爵同下士,禄等上农"②的诗人。因此,他才可能过上"白日掩荆扉,虚室绝尘想"那样的悠闲生活。这是他和农民生活、思想的距离。但是,除此之外,我们更应该看到陶渊明对躬耕生活的积极态度。他在和农民的来往中,已经体会到一种和上层社会人与人之间充满欺诈和虚伪完全不同的淳朴的

---

① 车马很少。
② 颜延之《陶徵士诔并序》。

感情。桑麻生长的好坏，成为他经常和农民谈论的内容，这意味着他和农民有一种融洽亲切的关系。在《怀古田舍》里，他对劳动收成还多少抱一点无所谓的态度，现在他对桑麻生长的好坏，开荒面积的大小，霜霰的迟早有无，却有了一种"一则以喜、一则以惧"的关心。

> 种豆南山下，草盛豆苗稀。
> 晨兴理荒秽，带月荷锄归。
> 道狭草木长，夕露沾我衣。
> 衣沾不足惜，但使愿无违。（第三首）

这首诗，也是写他从一天平凡的劳动中体会到的思想感情。从晨兴锄草到带月归来，这一天的辛苦对陶渊明来说并不是轻而易举的。这里的诗意，在于经过一天劳动以后，诗人从内心里油然地产生了一种充实和舒畅的心情。末尾两句，和前诗"常恐霜霰至，零落同草莽"的心情相似。经过亲身的劳动以后，对生活有了较深切的体验，担心躬耕自资的初愿被破坏的心情，也自然加深了。

> 久去山泽游，浪莽林野娱。
> 试携子侄辈，披榛步荒墟。

徘徊丘陇间,依依昔人居。

井灶有遗处,桑竹残朽株。

借问采薪者,此人皆焉如①?

薪者向我言,死没无复余。

一世异朝市,此语真不虚。

人生似幻化,终当归空无。(第四首)

诗中反映了农村战后的荒凉景象,并从小事想到大事,诗人的叹息显然有时代的影子。有人认为这可能是桓玄、刘裕战祸的遗迹,推测颇有道理。可惜末尾两句诗,悲观宿命的色彩太重了。

怅恨独策还,崎岖历榛曲。

山涧清且浅,遇以濯吾足。

漉②我新熟酒,只鸡招近局③。

日入室中暗,荆薪代明烛。

欢来苦夕短,已复至天旭④。(第五首)

---

① 何往。
② 滤酒去糟。
③ 近邻。
④ 天明。

诗人写自己和邻居农民的亲切来往,总是分外动人的。当他怀着"怅恨",扶杖归来,投入和家人邻居们亲切交谈的场合,心情就变了。一席家常饭,漉几斗新酿的酒,杀一只家养的鸡,又俭朴,又丰富。荆柴的照明,更把这一桌农家的夜饭描绘得逼真如画。

陶渊明归田以后的躬耕生活,就这样开始了。陶渊明诗歌独特的内容和风格,也从《归园田居》开始,有了更鲜明的表现。

第四章 归田以后的生活

陶渊明归田以后的生活,并不是十分平静的。尽管他抱着安贫乐道、躬耕自资的理想,在归田之初曾经感到重返自然的欣慰,但是现实生活毕竟是无情的。408年,归田后的第三年,他"方宅十余亩,草屋八九间"的住宅,被火烧光了。他的《戊申岁六月中遇火》诗开头几句说:

>草庐寄穷巷,甘以辞华轩。
>正夏长风急,林室顿烧燔①。
>一宅无遗宇,舫舟荫门前。
>…………

房子烧了以后,一家人就寄居船上,直到初秋还没有定居。他努力以君子固穷的气节鼓励自己。但是这场火灾,终究破坏了他平静的生活。正当生活艰难困苦的时候,一

---

① 燔(fán),焚烧。

个远古的东户氏①时代社会的影子从他脑子里浮现出来了,他向往着那个有衣有食,无忧无虑的生活。这也就是他后来幻想的桃花源社会的萌芽。当然,他很清楚,他并不是生活在东户氏的时代,所以他在这首诗的最后又说:"既已不遇兹,且遂灌我园。"

410年,他写了一首《庚戌岁九月中于西田获早稻》:

人生归有道,衣食固其端。

孰是都不营,而以求自安!

开春理常业②,岁功聊可观。

晨出肆微勤,日入负耒还。

山中饶霜露,风气亦先寒。

田家岂不苦,弗获辞此难。

四体诚乃疲,庶无异患干。

盥濯息檐下,斗酒散襟颜。

遥遥沮溺心,千载乃相关。

但愿长如此,躬耕非所叹。

---

① 东户氏,上古帝王,传说其时物质资源丰富,禽兽成群,竹木遂长,道不拾遗,耕者余粮,宿于陇首,歌欢快乐,人民各得其所。

② 指农务。

从这首诗中，我们可以看到，在经历了四五年的劳动生活以后，陶渊明对人生的看法更朴实了。这里虽然也是写从"晨出"到"日入"的一天劳动生活，但是读起来比"种豆南山下"更沉着了。诗人渐衰的身体，已经感到深秋风霜的威力。但是，他还是勤劳地躬耕着。

陶渊明写这首诗的当年，曾经参加过孙恩起义的首领——卢循再次起兵反晋，从广州领了十万军队，越过五岭山脉，经江州北上进攻东晋王朝。这一年中，卢循在浔阳先后多次和东晋官军发生了激战。江州刺史何无忌战败身死。后来卢循终于被刘裕打败了。但是，陶渊明的诗里却没有一个字正面提到这场战争。这和他以前对桓玄和刘裕之间的战争的态度完全一样。不过，如果我们联系这场战争的背景来读"四体诚乃疲，庶无异患干""遥遥沮溺心，千载乃相关"等诗句，也许多少可以体会到他在这动乱年代中是别有感慨的。

在同一年，他把家迁到了南村。南村在浔阳城外不远的地方。这大概是自遭火灾以后就选定了的地方。他的《移居二首》说：

>昔欲居南村，非为卜其宅。
>闻多素心人，乐与数晨夕。

怀此颇有年，今日从兹役^①。
弊庐何必广，取足蔽床席。
邻曲时时来，抗言谈在昔。
奇文共欣赏，疑义相与析。

春秋多佳日，登高赋新诗。
过门更相呼，有酒斟酌之。
农务各自归，闲暇辄相思。
相思则披衣，言笑无厌时。
此理将不胜，无为忽去兹。
衣食当须纪^②，力耕不吾欺。

　　南村这里有一些好的邻居，这是他迁居到这里的原因。这些邻居中固然也有农民，但是从"奇文共欣赏，疑义相与析""春秋多佳日，登高赋新诗"等句来看，更多的还是一些和他情趣相投的读书人。但是，他和这些人来往，并不意味着放弃躬耕自资的生活，所以他说："衣食当须纪，力耕不吾欺。"

---

① 指移居事。
② 经营。

这些和他来往的士人，有一些是参军、主簿、县令之类的小官，有一些是隐居在浔阳的文人。对这些人，他曾经先后写过一些诗分别送给他们。例如有一个殷景仁，曾经做过晋安南府长史掾，后来刘裕改官太尉，殷做太尉参军，要移家到建康，陶有一首诗送殷。诗里说到自己和殷友谊很好，但是在出仕问题上，彼此志趣并不投合。"语默自殊势，亦知当乖分。""良才不隐世，江湖多贱贫。"表明自己和殷"道不同，不相为谋"的鲜明态度。因为殷是要去做刘裕的参军，这些话也间接地表示了对刘裕的态度。在另一首和戴主簿的诗里，他表白了自己淡泊安贫，颐养天年的生活志趣。

他所认识的隐居不仕的文人中，有一个叫周续之，有一个是做过柴桑令后不做官的刘遗民。当时好事的朋友们就称他和周、刘两人为"浔阳三隐"。周、刘两人都是当时居住在庐山东林寺的著名僧人慧远的门徒。大概因为他们两人的介绍，陶渊明和慧远也曾经有过方外之交。

慧远是北方佛学大师道安的大弟子，世称为远公。378年奉道安之命至江南宣扬佛法，自襄阳、荆州来到庐山。后来江州刺史桓伊为他在山中修建了东林寺。他的声名很大，不仅南方远近僧徒都来庐山求教，就连东晋政权要人也都很尊重他。桓玄对佛教不满，曾经下令"沙汰"（淘汰、洗刷）僧尼，但命令里也说明"唯庐山道德所居，不在搜简之例"。晋安帝曾经致书给他，卢循北上攻东晋，也上庐山见他。

关于陶渊明和慧远的关系，史实不可考的《莲社高贤传》的《陶潜传》中曾说："（潜）常往来庐山，使一门生[①]二儿舁[②]篮舆以行。远法师与诸贤结莲社，以书招渊明。渊明曰：'若许饮则往。'许之，遂造焉；忽攒眉而去。"元人李公焕注陶诗又说陶渊明与慧远为方外交，而不愿入白莲社，"远公郑重招致，竟不可诎"。关于白莲社的名称，并无确切证据。因此陶渊明入白莲社的事也显然出于附会。但是陶渊明和慧远有过交往大概是合乎事实的。沈约、萧统的《陶渊明传》里都说过陶渊明"尝往庐山"。

陶渊明和慧远虽然交往过，但两人的思想显然是不投合的。从陶渊明的诗《形影神三首》来看，他的哲学见解和佛教哲学完全是对立的。慧远在402年曾经和刘遗民、周续之等一百二十三人在佛像前发誓，决心要摆脱生死报应、因果轮回的痛苦，希望来世生在西方极乐世界。404年，慧

[①] 这里的"门生"，不是学生，而是汉魏六朝时代对依附于封建士大夫门下的农民的称呼，当主人家有事时，门生就要为主人服劳役。

[②] 舁（yú），抬。

远又写了一篇《形尽神不灭论》,极力宣传肉体(形)死亡而灵魂(神)可以永不灭的宗教理论。陶渊明的《形影神三首》可能就是反对慧远而发的。诗的序言指出:"贵贱贤愚,莫不营营以惜生,斯甚惑焉。故极陈形影之苦言①,神(灵魂)②辨自然以释之。"第一首《形赠影》说,人生是短促的,腾化、升天是不可能的,因此劝"影":"愿君取吾言,得酒莫苟辞。"第二首《影答形》说,饮酒只能消忧,但不如立善求名,可以垂遗爱于后世。第三首《神释》说,无论三皇圣人或长寿的彭祖,都会神形消灭,老少都同有一死。醉酒行乐只会自促死亡,立善求名也只是自求安慰的虚无愿望。正确的人生态度应该是"纵浪大化中③,不喜亦不惧。应尽④便须尽,无复独多虑"。

陶渊明反对"营营惜生"。所谓"惜生",既指及时行乐或立善求名的人生态度,也指那种追求长生,成佛升天的佛教、道教的教义。陶渊明诗中"我无腾化术,必尔不复疑""诚愿游昆、华⑤,邈然兹道绝",都对宗教成佛升天

---

① 形,肉体,影,身影。
② 神,灵魂。
③ 放浪于宇宙自然之中。
④ 应尽,生命结束。
⑤ 华,指的是昆仑山、华山,传说是神仙所居。

之说表示怀疑。"三皇大圣人,今复在何处?彭祖爱永年,欲留不得住",更是明显地反对成佛升天之说。他这三首诗,是鲜明地反对宗教的无神论。

慧远在416年去世。慧远死后,周续之应江州刺史檀韶的邀请到城里讲"礼"学,并校订《礼经》。陶渊明曾写诗招他回来隐居。他也有两首诗赠刘遗民,一首是叙述自己的生活和心情,一首是邀他出游。看起来,所谓"浔阳三隐",的确是好事人取的名称,实际上陶渊明和周、刘两人,思想很不一致,感情也并不深。

陶渊明的躬耕生活,一直是坚持不懈的。我们读他五十二岁时写的《丙辰岁八月中于下潠田舍获》这首诗,可以清楚地看得出来。诗中开头两句"贫居依稼穑,戮力东林隈",说明他多年以来的生活一直如此。接着"不言春作苦,常恐负所怀"两句,说明他已经习惯于劳苦。以下写他早起泛湖收获的情景,他半夜就起身,登舟越湖,经过清壑荒山。"悲风爱静夜,林鸟喜晨开",见出他满怀的欢欣。末尾"姿年逝已老,其事未云乖。遥谢荷蓧翁,聊得从君栖"四句,以平淡朴素的话,自然地写出他的胸襟。他的欣慰愉快,的确是从田园耕凿的勤劳生活中自然流出的。

陶渊明五十多岁的时候,写了一组《杂诗》。在这组诗

里,他写到这一时期艰苦的物质生活:

> 代耕①本非望,所业在田桑。
> 躬亲未曾替,寒馁常糟糠②。
> 岂期过满腹,但愿饱粳粮。
> 御冬足大布,粗絺以应阳。
> 正尔③不能得,哀哉亦可伤!
> 人皆尽获宜④,拙生失其方⑤。
> 理也可奈何,且为陶⑥一觞!

这里说明他努力躬耕,坚持不懈,却连最低限度的温饱生活也经常无法维持。在这组诗里,也写到他从壮年转入老年时思想上的矛盾和烦躁的心情:

---

① 指俸禄。
② 废弃。
③ 即此。
④ 各得其所。
⑤ 谋生无方。
⑥ 乐。

> 白日沦①西阿②，素月出东岭。
> 遥遥万里晖，荡荡空中景③。
> 风来入房户，夜中枕席冷。
> 气变悟时易，不眠知夕永。
> 欲言无予和，挥杯劝孤影。
> 日月掷人去，有志不获骋。
> 念此怀悲凄，终晓不能静。

这首诗里，写出了他在斗室月夜中，想到自己壮志未酬而挥杯劝影、痛苦失眠的心情。此外，他还回忆了自己少年时代"无乐自欣豫"的乐观精神和"猛志逸四海"的远大抱负。后来，由于仕宦生活的教训和折磨，"荏苒岁月颓，此心稍已去"。但是，这并不等于此心已死，这种被现实环境和人生忧患压抑下去的热情，总不免要在按捺不住的时候流露出来。"古人惜寸阴，念此使人惧。"他对自己壮志未酬，是很不甘心的。

417年，刘裕率领大军讨伐后秦姚泓。八月刘裕部将王镇恶攻下长安，擒获姚泓，九月刘裕进至长安。这是自淝

---

① 沉。
② 西山。
③ 通"影"。

水之战以来东晋对北方的又一次重大的胜利。刘裕的声威更加显赫,晋安帝下诏进封他为宋公。这时,左将军朱龄石派遣长史羊松龄赴关中称贺。羊松龄可能也曾经居住在南村附近,和陶渊明做过邻居。他这次赴关中,陶渊明写了一首《赠羊长史》:

愚生三季①后,慨然念黄虞。

得知千载上,正赖古人书。

贤圣留馀迹,事事在中都②。

岂忘游心目?关河不可逾。

九域甫已一,逝将理身舆。

闻君当先迈,负疴不获俱。

路若经商山,为我少踌躇。

多谢绮与甪③,精爽④今何如?

紫芝谁复采?深谷久应芜。

驷马无贳患,贫贱有交娱。

---

① 夏、商、周三代。
② 指洛阳一带。
③ "商山四皓"中的绮里季和甪(lù)里先生。
④ 指"商山四皓"死后的精灵。

清谣^①结心曲,人乖运见疏。

拥怀累代下,言尽意不舒。

从这首诗来看,陶渊明对关中的恢复,九州的行将统一,心情是激动的。"岂忘游心目"两句,使我们联想到他"少时壮且厉,抚剑独行游。谁言行游近,张掖至幽州"的那一段浪漫的幻想。"九域甫已一,逝将理舟舆",也是陶渊明当时的真实心情,就凭着"圣贤留余迹,事事在中都"这一点,就足以鼓舞他"游心目"于关中了。但是,心情激动,跃跃欲试,只是他思想的一面。我们不能忘记羊松龄往贺的刘裕,是他做镇军参军时的主帅,他在这首诗里不仅仍然对刘裕只字不提,而且还希望羊松龄经过商山的时候,要代他向商山四皓的精灵表示问候。商山四皓(东园公、绮里季、夏黄公、甪里先生四人)是为逃避秦始皇的暴政而入商山隐居的,陶的言外之意也就是说:即使刘裕像秦皇那样统一了九州,自己也可以学四皓,不与他合作。陶渊明这时似乎已预料到刘裕攻下长安后,很快就要称帝了。事态发展也正如他所料,刘裕打下长安后,顾不得巩固胜利,经略西北,只留几个武将孤军自守,就忙回

---

① 指《四皓歌》。

建康部署夺位了。关中的恢复既使诗人激动，又使他痛苦。诗中"紫芝""深谷""驷马""贫贱"皆采《四皓歌》中语加以变化。陶渊明也始终没有去关中。长安在第二年冬天，就重新被胡夏国赫连勃勃所攻陷了。

总之，从这首诗里，我们可以清楚地看到，陶渊明尽管没有忘怀政治，尽管为"日月掷人去，有志不获骋"而愤激，但是，他对政治的看法终究不再像青年时代那样简单了。

第五章 《饮酒》二十首

大约在417年,归田后的第十二年,陶渊明写下了他的名作《饮酒》二十首。诗的小序说:

> 余闲居寡欢,兼比夜已长,偶有名酒,无夕不饮。顾影独尽,忽焉复醉。既醉之后,辄题数句自娱。纸墨遂多,辞无诠次。聊命故人书之,以为欢笑尔。

寥寥几句话,给我们烘托出了他创作这些诗时的寂寞心情。在这二十首诗里,他回忆了过去的生活,写出了从出仕到归隐生活中的种种观感和体验,也对污浊、险恶的社会表示了痛心和不满。他把这些具有丰富深刻内容的诗归在《饮酒》这个总题目下面,用心也是很良苦的。自魏晋以后,当社会环境十分黑暗险恶的时候,许多文人往往借醉酒来逃避灾祸。魏末的著名诗人阮籍就经常借醉酒不问世事来避祸,阮籍的《咏怀》诗也是以象征的语言来表达他的苦闷和追求。陶渊明在《饮酒》的题目下来"咏怀",显然也是受到阮籍诗一定的启发。萧统《陶渊明集序》说:

"有疑陶渊明诗篇篇有酒。吾观其意不在酒,亦寄酒为迹者也。"《饮酒》二十首中有十首提到酒,正是属于这种"寄酒为迹"的作品。

在《饮酒》里,有一些诗是表现自己孤傲清高的品格的。他肯定了自己归隐的道路,坚持自己的节操,对门阀士族统治的社会表示了鄙夷不屑,甚至鲜明地拒绝统治者对他的利诱征召,表现了和统治阶级不合作的态度。自来传诵最广的第五首,就属此类:

> 结庐在人境,而无车马喧。
> 问君何能尔?心远地自偏。
> 采菊东篱下,悠然见南山。
> 山气日夕佳,飞鸟相与还。
> 此中有真意,欲辨已忘言。

这首诗里,诗人的心情是平静的,境界也确乎是静穆的。他带着一种欣慰的心情想起自己虽然是结庐人境,也居然能够避免那些官僚们的高车驷马的喧扰。"问君何能尔?心远地自偏。"他用这两句含蓄而幽默的话,总结似的说明了自己和上层社会的关系:他思想上远离了上层社会,上层社会也就很自然地远离他了。以下,他通过从采菊到见山,从低头到仰头这顷刻间悠然自得的感受,通过凝视傍晚的山色和归林的鸟影,写出自己找到人生归宿以后的那种欣慰、闲适、宁静的心情,写出和这种心情非常融洽和谐的生活境界。这虽然只是诗人生活中的一个片段,却很能表现他对高车驷马鄙夷厌弃的鲜明态度。当然,我们也不能忽视这种静穆诗境中淡然忘世的消极成分。

> 青松在东园,众草没其姿。
> 凝霜殄①异类,卓然见高枝。
> 连林人不觉,独树众乃奇。
> 提壶挂寒柯,远望时复为。
> 吾生梦幻间,何事绁②尘羁!

这是一首比兴体的诗。前人说这是陶渊明借孤松为己写照,这是不错的,陶渊明诗文常常用孤松自比。用松树比喻坚贞的人格,是从孔子到刘桢、左思以来形成的传统。但是,从陶渊明这首诗来具体分析,他的比喻显然更接近于左思《咏史》中"郁郁涧底松,离离山上苗。以彼径寸

---

① 消灭。
② 绁(xiè),缚。

茎,荫此百尺条。世胄蹑高位,英俊沉下僚。地势使之然,由来非一朝"的诗意。左思以"涧底松"和"山上苗"对比,是为了揭露门阀士族制度。陶渊明以"青松"和"众草"对比,显然也有揭露由于门阀士族制度所造成的贤愚不分的社会现象的用意。但是,尽管"众草"可以掩没"青松",等到"严霜殄异类"的时候到来,"卓然见高枝"的"青松"就终于显示出它坚贞的风格。可惜末两句人生梦幻的感叹,感情消极,不免削弱了全诗的耿介拔俗的精神。应该说,陶渊明在《饮酒》《咏贫士》里歌颂伯夷、叔齐、荣启期、颜回、原宪、黔娄、张挚、袁安等人物,都是继承左思《咏史》的传统,寄托自己安贫守节、隐居不仕的抱负,同时也都是在不同程度上为受门阀士族所压抑的正直贫士抒发愤懑之情。

> 清晨闻叩门,倒裳往自开。
> 问子为谁与?田父有好怀。
> 壶浆远见候,疑我与时乖①。
> 褴缕茅檐下,未足为高栖。

---

① 不合。

一世皆尚同①,愿君汩其泥②。

深感父老言,禀气寡所谐。

纡辔③诚可学,违己讵非迷!

且共欢此饮,吾驾不可回!

据《宋书·陶潜传》,在义熙末年,朝廷曾经征召陶渊明出任著作郎,被他拒绝了。这首诗大概就是用寓言形式来反映自己拒绝征召的事。这一篇寓言性的诗是仿照《楚辞·渔父》中屈原和渔父问答而作的。"一世皆尚同,愿君汩其泥"两句,也是用渔父劝屈原"世人皆浊,何不淈④其泥而扬其波"的话而略加变化的;而陶渊明对田父劝仕的问答,也充分发扬了《渔父》中屈原不肯"以皓皓之白而蒙世俗之尘埃"的坚持正义的精神。"且共欢此饮,吾驾不可回!"陶渊明的态度是这样的斩钉截铁,坚定不移。

陶渊明归田以后,除了朝廷征召他出仕而外,他自己也在出仕和隐居的问题上发生过一些内心的思想斗争。《饮酒》第十二首中说:

---

① 是非不分。
② 指同流合污。
③ 回车。
④ 淈(gǔ),搅浑。

一往便当已,何为复狐疑①?
　　去去当奚道,世俗久相欺。

在《咏贫士》第五首里也说:

　　贫富常交战,道胜无戚颜。

因此,这首"清晨闻叩门"的诗,不仅反映了他拒绝朝廷的征召,也反映了他内心贫富交战的思想斗争的胜利。

《饮酒》中还有少数作品,回忆了他过去出仕的经历和体验。例如在第十首中回忆他做镇军、建威参军及彭泽令之后说:

　　倾身营一饱,少许便有馀。
　　恐此非名计,息驾归闲居。

这几句,可以和我们前面的论述以及他的《归去来兮辞·并序》互相印证。第十七首中:

---

① 指犹豫。

觉悟当念还,鸟尽废良弓。

更可以看出他之坚决退出仕途,是和前面引证过的刘裕诛杀功臣、排斥异己的残酷行为有关系的。而第十九首("畴昔苦长饥"一首),更是以极简括的笔墨写出他从出仕到归田以来的体验。

《饮酒》虽然受阮籍《咏怀》影响,没有明言指斥当代的人事,但是,其中有一些诗,我们仍然可以隐约地看到他对现实的深刻不满。例如第六首:

> 行止千万端,谁知非与是。
> 是非苟相形,雷同共誉毁。
> 三季多此事,达士似不尔。
> 咄咄①俗中恶,且当从黄绮②。

作为一个有理想、有抱负的人,他最引为沉痛的事,莫过于社会上的是非不分、善恶不分。他的《感士不遇赋》说:

---

① 叹词。
② 即"商山四皓"中的夏黄公、绮里季。

嗟乎！雷同毁异，物恶其上，妙算者谓迷，直道者云妄。坦至公而无猜，卒蒙耻以受谤；虽怀琼而握兰①，徒芳洁而谁亮？

这一段话也正是他这首诗很好的注脚。而"且当从黄绮"也和前面引过的《赠羊长史》诗互相呼应，表明他对刘裕的坚决不合作的态度。

有客常同止，取舍邈异境。
一士长独醉，一夫终年醒。
醒醉还相笑，发言各不领。
规规②一何愚，兀傲差若颖。
寄言酣中客，日没烛当秉。

这里，陶渊明自居为醉者。以陶渊明这样与世俗舆论绝不调和的人，和一个自谓头脑清醒而实际上是热衷名利、趋时顺俗的人在一块儿，彼此之间有什么话好说呢？诗人只好用幽默的态度，来一个"醒醉还相笑，发言各不领"。

---

① 琼、兰，比喻好的品质才能。
② 小心翼翼地。

各人说各人的话,谁也不领会谁。其实,诗人心里是非常清楚的:"规规一何愚,兀傲差若颖。"他把那位醒者看作庄子寓言里的"坎井之蛙",看作一个拘拘谨谨、渺小可怜的人物。我们前面提到的和陶渊明"语默殊势"的殷景仁,也许正是此诗中醒者一流的人。

> 羲农去我久,举世少复真。
> 汲汲鲁中① 叟,弥缝使其淳。
> 凤鸟虽不至,礼乐暂得新。
> 洙泗辍微响,漂流逮狂秦。
> 诗书复何罪,一朝成灰尘。
> 区区诸老翁②,为事诚殷勤。
> 如何绝世下,六籍③无一亲。
> 终日驰车走,不见所问津。
> 若复不快饮,空负头上巾。
> 但恨多谬误,君当恕醉人。

在这首诗里,他以极为沉痛的心情,叹息着历史的变

---

① 孔子。
② 指西汉初传经的伏生等人。
③ 六经。

化,现实的变化。他所热烈向往的远古羲、农时代的淳朴之风已经一去不返,就是为努力弥补社会的四分五裂而汲汲奔走的孔子,以及传授儒经的伏生,也不可再得了。诗中说的"终日驰车走,不见所问津",就是以乱世的隐者长沮、桀溺自居,感慨当时人们纷纷为名利而终日奔走,而像孔子、子路那样殷勤问津的人却一个也没有了。诗里虽然是以"弥缝"还"淳"的道家语言美化了努力恢复周代"礼乐"的孔子,但更主要的还是对当时驰逐名利的颓败士风感到无比的忧愤和沉痛。末尾四句,突然转到饮酒,好像语无伦次,其实正是诗人对现实感到悲观难言而故作自我开脱的醉人醉语。

第六章 《桃花源记》和《桃花源诗》

大约在东晋末年,或更晚一些到刘宋初年,陶渊明写下了他的杰作《桃花源诗并记》。

桃花源诗

嬴氏①乱天纪,贤者避其世。
黄绮之②商山,伊人亦云逝。
往迹浸复湮,来径遂芜废。
相命肆农耕,日入从所憩。
桑竹垂余荫,菽稷随时艺③。
春蚕收长丝,秋熟靡④王税。
荒路暧交通,鸡犬互鸣吠。
俎豆⑤犹古法,衣裳无新制。

---

① 指秦始皇。
② 到。
③ 种植。
④ 无。
⑤ 祭祀。

童孺纵行歌，班①白欢游诣。

草荣识节和，木衰知风厉；

虽无纪历志，四时自成岁。

怡然有余乐，于何劳智慧。

奇踪隐五百②，一朝敞神界。

淳薄既异源，旋复还幽蔽。

借问游方士③，焉测尘嚣外？

愿言蹑轻风，高举寻吾契。④

桃花源记

晋太元中，武陵人捕鱼为业。缘溪行，忘路之远近。忽逢桃花林，夹岸数百步，中无杂树，芳草鲜美，落英缤纷。渔人甚异之，复前行，欲穷其林。

林尽水源，便得一山，山有小口，仿佛若有光。便舍船，从口入。初极狭，才通人。复行数十步，豁然开朗。土地平旷，屋舍俨然，有良田、美池、桑竹之属。阡陌交通，鸡犬相闻。其中往来种作，男女衣

---

① 通"斑"。
② 略指自秦至东晋年数。
③ 指世俗之士。
④ 追踪。

着,悉如外人。黄发垂髫,并怡然自乐。

见渔人乃大惊,问所从来,具答之。便要还家,设酒杀鸡作食。村中闻有此人,咸来问讯。自云先世避秦时乱,率妻子邑人来此绝境,不复出焉,遂与外人间隔。问今是何世,乃不知有汉,无论魏晋。此人一一为具言所闻,皆叹惋。余人各复延至其家,皆出酒食。停数日,辞去。此中人语云:"不足为外人道也。"

既出,得其船,便扶向路,处处志之。及郡下,诣太守,说如此。太守即遣人随其往,寻向所志,遂迷不复得路。

南阳刘子骥,高尚士也,闻之,欣然规往,未果,寻病终。后遂无问津者。

《桃花源记》和《桃花源诗》,都是描写同一个乌托邦的理想社会,但我们读起来并不感到重复。《记》是散文,有曲折新奇的故事情节,有人物,有对话,描写具体,富于小说色彩;《诗》的语言比较质朴,记述桃花源社会制度较详。《记》是以渔人经历为线索,处处从渔人视角来写;《诗》是从桃花源的历史来写。互相映照地看,才能认识这个乌托邦的思想意义。

这个桃花源社会,是建筑在大家参加劳动、没有剥削和压迫、没有君主、没有战乱的基础上的理想社会。这里的人们，在"春蚕收长丝，秋熟靡王税"的社会条件下进行着自由的个体劳动，儿童和老年人也得到很好的照顾。这里人与人的关系是融洽亲切的，甚至对一个素不相识的外来客人也"便要还家，设酒杀鸡作食"。这里的人还保持着几百年前祖宗传下来的古老风习："俎豆犹古法，衣裳无新制。"这里人与人之间没有倾轧，没有竞争，看不出任何矛盾和进步，所以他们感到"怡然有余乐，于何劳智慧"。桃花源的历史，是没有朝代更换、没有战乱事件作为标志的。他们"乃不知有汉，无论魏晋"。渔人所说的一切改朝换代的事，在他听来只值得叹惋而已。他们甚至连一本反映自然季节的历书也没有，"草荣识节和，木衰知风厉；虽无纪历志，四时自成岁"。

很显然，桃花源社会的主要特点，就是人人劳动，自耕自食，没有剥削，没有压迫，从而也就没有战乱。北宋时代热心抑制兼并的政治改革家王安石所作的《桃源行》里，有一句话说破这个社会的特点是"虽有父子无君臣"。

作者写桃花源社会的产生是由于"先世避秦时乱，率妻子邑人来此绝境，不复出焉，遂与外人间隔"。从这一点来看，这个故事本身是有现实历史的影子的。自汉朝末年以后，中国历史上经历了多次极大的动乱。广大人民辗转在兵灾战祸的威胁之下。人们为了躲避战乱灾祸,往往逃到深山绝境中去生活。《三国志·田畴传》就记载了田畴"入徐无山中,营深险平敞地而居,躬耕以养父母。百姓归之,数年间至五千余家"的故事(陶渊明《拟古》诗中曾对田畴表示怀念)。西晋灭亡,南北分裂以后,北方处在五胡十六国互相攻杀的战争中,就有一些地主官僚率领从属、民众逃入深山险境聚居避乱,设防自卫。例如西晋末年太尉郗鉴就"举千余家俱避难于鲁之峄山"(《晋书·郗鉴传》)。这种聚众据险逃难的方式,后来有相当的普遍性,以致在十六国分裂割据时期形成不少的坞屯壁垒的半独立的小王国。这种坞屯壁垒都是由地主、官僚统治的,下面还有乡邑的小头目,也有法令规章,有一定的政治、军事制度。南方的东晋比之北方,社会固然相对统一安定,但是,类似的情况也同样存在。我们不必远溯孙吴时代,就是在陶渊明的时代,在其家乡江州,就有过类似的事。据《晋书·刘毅传》记载,刘毅在义熙七年(411)做江州刺史时曾上表向皇帝陈述江州人民的生活情况,文中说:

  (江州)自桓玄以来,驱蹙残败,至乃男不被养,女无匹对。逃亡去就,不避幽深。自非财殚①力竭,无

---

① 尽。

以至此。若不曲心矜理，有所厘改①，则靡遗之叹，奄焉必及。

这一段话，说得非常清楚。这就是自桓玄起兵直到卢循和东晋战争这些年中，江州的人民辗转在战争、徭役、赋税的压迫之下，活不下去了，纷纷向深山幽谷逃亡。这些，显然是陶渊明亲眼看到的事实。这些历史的现实情况正是桃花源人民"避秦时乱"的现实根据。

但是，无论是田畴、郗鉴入山的事，或是陶渊明同时同乡的江州人民逃难的历史也好，这里并没有丝毫的反对剥削、压迫，提倡无君无臣的意思。因此，桃花源社会还有它另一面的更重要的思想渊源。

先秦时代的《老子》《庄子》就宣传过远古原始时代小国寡民的社会。这种社会里的人们都过着"甘其食，美其俗""鸡犬之声相闻，老死不相往来"的生活。这里没有国家，没有法制，也不要科学，不要文化。

到魏晋时代，有少数思想家用老庄所描绘的小国寡民，无君无臣的理想图景，作为揭露和批判现实世界的根据，从而形成了一种无君论的思想。魏末阮籍的《大人先生传》

---

① 改革。

已有"盖无君而庶物定,无臣而万事理""君立而虐兴,臣设而贼生"的言论。嵇康在《太师箴》里揭露"季世"统治阶级的罪恶:"刑本惩暴,今以胁贤。昔为天下,今为一身。"也把批判的锋芒指向国君和皇帝。西晋时代的鲍敬言更进一步发展了这一理论:

> 曩①古之世,无君无臣。穿井而饮,耕田而食,日出而作,日入而息。泛然不系,恢尔自得。……(西晋葛洪《抱朴子外篇·诘鲍篇》)

鲍敬言除一般地描述无君社会的面貌而外,还揭发了阶级社会一系列的罪恶,提出回到无君之世的政治主张,让人民过"身无在公之役,家无输调之费,安土乐业,顺天分地,内足衣食之用,外无势利之争"的自由生活。这种乌托邦式的主张,反映了封建社会小私有农民反对封建剥削压迫的要求,这是对封建社会提出的软弱的抗议。陶渊明的《桃花源诗并记》的观点,显然是很接近阮籍和鲍敬言的。自归田以后,"东户""羲农""羲皇""重华""黄虞""轩唐"这些远古人物更频繁、经常地出现在他的诗文

---

① 曩(nǎng),以往。

里,并不是偶然的。这标志着他的政治观、历史观已经渐渐和孔孟分道扬镳了。

鲍敬言的无君论,是比较抽象的政治理论,而陶渊明的桃花源社会,却是一个形象化的生活境界。要完成这种形象意境的描写,仅仅依靠一般的想象是不会打动人的。《桃花源记》开头一段描写武陵渔人发现桃花源的过程,充满巧遇的新奇色彩,但是,等到桃花源农村的景象呈现在他的眼前:

> 土地平旷,屋舍俨然,有良田美池桑竹之属,阡陌交通,鸡犬相闻。

我们一下子就感觉非常熟悉了,好像这种景象我们在陶渊明的田园诗中曾经见过多次。我们再闭目稍加想象,这宛然就是《归园田居》中描写过的:

> 方宅十余亩,草屋八九间。
> 榆柳荫后檐,桃李罗堂前。
> 暧暧远人村,依依墟里烟。
> 狗吠深巷中,鸡鸣桑树颠。

景物完全相似，仅仅是从两个不同的角度来摄取不同的画面罢了。至于和平宁静的气氛，则是完全一致的。再仔细地体味，我们还会发现很多和陶渊明田园诗相似的地方。像"童孺纵行歌，班白欢游诣"，和《移居》中"农务各自归，闲暇辄相思，相思则披衣，言笑无厌时"的那种自由自在的生活气氛非常近似。甚至"便要还家，设酒杀鸡作食"这样的生活细节，也很像"漉我新熟酒，只鸡招近局"。陶渊明在不经意之中，就把他田园诗中那些非常熟悉的东西写入桃花源社会里面。由此可以看出，陶渊明如果没有半生躬耕生活的经历，是不可能写出这个桃花源社会的。

但是，从写现实生活的田园诗发展到写反抗现实制度的田园理想国，陶渊明是经历了一段艰苦的生活和思想斗争历程的。

我们前面已经谈过，他回到农村以后，饥寒贫困的生活经常威胁着他，以致他内心不时产生着"贫富常交战"的思想斗争，尽管每次斗争都得到"道胜无戚颜"的结果，使他感到欣慰。他继续坚持固穷守节，躬耕自资，对物质生活的需求也降到最低的限度，只希望"但愿饱粳粮""御冬足大布"。但是，当他努力耕种也无法经常维持这最低限度的生活的时候，他不得不考虑为什么在现实生活中不能免于饥寒贫困,要怎样才能解决饥寒贫困的问题。所以在《戊申岁六月中遇火》诗里,他就想起了远古东户氏时代的"鼓腹无所思,朝起暮归眠"的不愁衣食的生活情景。此后,他的生活愈来愈贫困,"乐天安命"的思想不断地受到冲击,发出了"积善云有报,夷叔在西山。善恶苟不应,何事空立言"的深长叹息。在五十四岁作的《怨诗楚调示庞主簿邓治中》里,他还以屈原、司马迁式的悲愤沉痛的心情,回忆了自己立志行善、艰苦自励的五十四年生活,回忆自己的种种悲惨遭遇,对天道产生了根本的怀疑。这不能不说是一次思想上的剧烈变化。正是这种剧烈变化,推动他去考虑社会制度的问题,使他在封建自然经济的社会条件下,凭借前人复古幻想的学说,完成了他桃花源式的乌托邦的构思。用"乃不知有汉,无论魏晋"两句话,对秦汉以来五百年的历史加以批判。

陶渊明的乌托邦幻想的局限性也是很明显的。他把消灭剥削压迫的理想寄托在生产力极度落后的"怡然有余乐,于何劳智慧"的社会基础上。他只能在小私有者狭隘的视野里设想出一种知足保和的"幸福生活"。他不理解社会矛盾和阶级斗争是推动社会发展的动力,只是曲折地反映封建自然经济时代农民不满意封建剥削的情绪和要求。他的感情更多的是倾慕过去,他的社会理想大半是原始社会回光的幻影。因此他的免于剥削的幻想和我们今天的消灭阶级的理想有本质的不同。但是,他的这幅乌托邦的图画,终究是一种对封建制度的抗议,并且以它的理想光辉照见了封建制度的丑恶和黑暗。此后,从北宋王禹偁的《录海人书》、南宋康与之的《昨梦录》里记杨氏兄弟奇遇的故事,到清代人"青陇人耕无税地,红灯儿读未烧书"的诗句(见洪亮吉《北江诗话》),都在延续着这种桃花源式的乌托邦幻想。《桃花源记》一千多年来受到广大读者的普遍喜爱,并不是偶然的。

第七章

晚年的生活

晋恭帝元熙二年六月（420），刘裕终于在据有强大的政治军事实力、时机成熟的条件下夺取了东晋的政权，把晋恭帝废为零陵王，第二年就派人把他杀了。东晋一百零四年的统治宣告结束，刘宋王朝开始。

从东晋到刘宋，政权虽然转移，但是门阀士族的统治势力依然存在，许多黑暗腐败的社会现象并未改变。刘裕出身低微，在军事上很有才能，但在政治上却缺乏远见和雄才，无力改变魏晋以来将近两百年的门阀士族统治的局面。他所亲信的权臣里，虽然也有寒门庶族，但如曾任扬州刺史、录尚书事的王谧，先任江州刺史、后任扬州刺史的王弘，曾负托孤重任的谢晦，等等，仍然是豪门势力的代表。终刘宋一代，门阀士族的经济实力仍然继续保持，士族在社会上、政府里仍然有操纵婚、宦、社交、舆论的权力。寒门庶族的人才依然没有出路。西晋时代左思在《咏史》诗里说："何世无奇才，遗之在草泽！"到晋宋之际，陶渊明在《感士不遇赋》里也仍然还在慨叹："何旷世之无才，罕无路之不涩！"比陶渊明更晚的诗人鲍照，虽然文学才华很高,也因为"身地孤贱",处处受压抑,落了一个"才秀人微,取湮当代"的结局。

从陶渊明的政治态度来看,应该说他对晋宋两朝都是厌恶不满的。他的辞官归田,首先就是对东晋王朝的不满。后来,随着刘裕军事、政治实力的增长,他逐渐看清了刘裕政权的真相,就更坚决不肯再出来做官了。

陶诗里有少数作品是反映晋宋易代时期政变的。最重要的是《述酒》,这首诗用了许多廋辞隐语,大家都读不懂,后来经过南宋汤汉和后代一些注释家的努力,十之六七可以读懂了。原来所谓"述酒",述的就是刘裕令张祎用毒酒逼杀晋恭帝①,张祎不忍,自饮毒酒而死,刘裕还不肯甘休,又叫兵士杀死恭帝的故事。本来自汉到魏,自魏到晋,改朝换代都是采用所谓"禅让"的形式②。

述酒

重离照南陆,鸣鸟声相闻。

秋草虽未黄,融风久已分。

素砾皛修渚,南岳无余云。

---

① 当时已被废为零陵王。

② 假借尧舜"禅让"的美名,实际上是以武力逼迫前朝的末代皇帝交出玉玺。

豫章抗高门,重华固灵坟。
流泪抱中叹,倾耳听司晨。
神州献嘉粟,西灵为我驯。
诸梁董师旅,芊胜丧其身。
山阳归下国,成名犹不勤。
卜生善斯牧,安乐不为君。
平王去旧京,峡中纳遗薰。
双陵甫云育,三趾显奇文。
王子爱清吹,日中翔河汾。
朱公练九齿,闲居离世纷。
峨峨西岭内,偃息常所亲。
天容自永固,彭殇非等伦。

由晋到宋,本来也已经照老谱搬演过"禅让"的闹剧了。晋恭帝在交出玉玺的时候还说:在桓玄的时候,东晋的天下本来已经亡了,没有想到刘裕又使东晋延长了二十年,所以我交出玉玺是很心甘情愿的。[①] 按情理说,刘裕是完全可以放心的,没有想到,他刚刚导演完"禅让"的闹

---

① 《宋书·武帝本纪》载:"(晋恭帝)谓左右曰:'桓玄之时,天命已改,重为刘公所延,将二十载。今日之事,本所甘心。'"

剧,接着就导演了这一场血腥的惨剧。陶渊明本来是像鲁迅所说:"乱也看惯了,篡也看惯了。"①心情比较平静的,但是在这场惨剧之后,他平静不下去了,写了这首诗,感叹:"山阳归下国②,成名犹不勤"③,他"流泪抱中叹,倾耳听司晨④",为哀悼晋室,痛苦得长夜不眠。从陶渊明诗风一贯明白如话的特点来看,他用隐约离奇的语言来写这首《述酒》,的确是有其苦衷的。此外,在《拟古九首》中,他还以一些富于比兴意味的诗,表现了他眷恋故朝、悲悼晋室的复杂心情。例如第三首:

> 仲春遘⑤时雨,始雷发东隅。
> 众蛰各潜骇,草木纵横舒。
> 翩翩新来燕,双双入我庐。
> 先巢故尚在,相将还旧居。
> 自从分别来,门庭日荒芜。

---

① 《而已集·魏晋风度及文章与药及酒之关系》。
② 指禅位。
③ 以曹丕废汉献帝为山阳公的事来影射晋恭帝之被废为零陵王,并指出恭帝的结局比汉献帝之得善终更为悲惨。
④ 指雄鸡。
⑤ 遘(gòu),遇到。

我心固匪石,君情定何如?

仲春时节,众蛰惊雷,春雨初降,草木怒生。但诗人的心情却如此寂寞,他独独地关情于一双来到荒芜门庭寻觅旧巢的燕子,甚至和燕子说起话来。"我心固匪石,君情定何如?"问燕子问得这样突然,好像这个不忘旧巢的燕子,特别懂得他眷恋故朝的深意。明黄文焕《陶诗析义》说:"无人可语,但以语燕。"的确是说出了诗人内心中寂寞无诉的一段深情。又如第九首:

> 种桑长江边,三年望当采;
> 枝条始欲茂,忽值山河改。
> 柯叶自摧折,根株浮沧海。
> 春蚕既无食,寒衣欲谁待。
> 本①不植高原,今日复何悔!

以桑树象征晋朝,是有来历的。西晋傅咸《桑树赋》序说:"世祖②昔为中垒将军,于直庐种桑一株,迄今三十

---

① 树根。
② 晋武帝。

余年，其茂盛不衰。皇太子①入朝，以此庐为便坐。"后来陆机、潘尼都作过"桑赋"，都以桑树作为晋朝兴起之象征。刘裕于418年立恭帝，420年逼恭帝禅位，前后正好三年。本来希望恭帝能利用这三年在政治上有所建树，固本自立，不料毫无成绩，即遭政变，根株全毁。追溯原因，正在于不该种桑江边（意指不该倚赖刘裕），当时既未植根于高原，如今事情已悔之无及。比兴之中，寄托了一片沉痛的心情。"春蚕""寒衣"两句，又深注自己依恋晋朝之意。

陶渊明对东晋王朝的态度是很矛盾的。一方面他看见晋末政治腐化黑暗，士族、军阀专权营私，自己济世的理想无法实现，就不肯同流合污，坚决辞官归隐，拒绝出仕；另一方面，他的曾祖、祖父、父亲，以至他自己都做过晋朝的官，他和晋朝又有割不断的感情上的联系。封建时期的文人，除了极少数的人而外，都是把自己的命运和皇帝、朝廷联系在一起的。生活在中世纪的陶渊明，当然也不可能跳出这个封建政治思想体系的圈子。

沈约《宋书·陶潜传》说："（潜）自以曾祖晋世宰辅，耻复屈身后代，自高祖王业渐隆，不复肯仕。所著文章，皆题年月，义熙以前，则书晋氏年号，自永初以来，唯云

---

① 即晋惠帝。

甲子而已。"这个说法,在过去研究陶诗的文人中很受重视。其中所说题年月、书年号的话和现存《陶集》不大符合,但是,宋永初以后,不书宋代年号,却是实际情况。从这一点来看,陶渊明对晋宋两代的感情还是有所不同的。

陶渊明诗文中,屡次提到伯夷、叔齐,显然是深有寄托的。《读史述九章》中《夷齐》一节,托意尤为明显:

> 二子让国,相将海隅;天人革命①,绝景穷居。
> 采薇高歌,慨想黄虞;贞风凌俗,爰感懦夫。

从这里可以看出他这隐居不仕的人,自晋宋易代以后,又进一步把自己的隐居行动加上了一种"天人革命,绝景穷居;采薇高歌,慨想黄虞"的复杂因素。

大概在晋宋易代以后,他的诗里渐渐流露出较多的"金刚怒目"式的豪放之音。《咏荆轲》一首,豪放的风格最为明显:

> 燕丹善养士,志在报强嬴。

---

① 《周易》说:"汤武革命,顺乎天而应乎人。"这里指武王伐纣。

招集百夫良，岁暮得荆卿。
君子死知己，提剑出燕京。
素骥鸣广陌，慷慨送我行。
雄发指危冠，猛气冲长缨。
饮饯易水上，四座列群英。
渐离击悲筑，宋意唱高声。
萧萧哀风逝，淡淡寒波生。
商音更流涕，羽奏壮士惊。
公知去不归，且有后世名。
登车何时顾，飞盖入秦庭。
凌厉越万里，逶迤过千城。
图穷事自至，豪主正怔营。
惜哉剑术疏，奇功遂不成。
其人虽已殁，千载有余情。

"咏史"是自东汉班固开创的诗题。但是自魏晋以后，咏史已经不像班固那样单纯叙述感叹史事，而是借咏史的题目，叙述自己的怀抱。魏的阮瑀、西晋左思都写过关于荆轲的咏史诗。左思的咏荆轲，着重通过描写荆轲在燕市饮酒，醉后目中无人的豪迈气概，抒发自己身为贫寒士人对门阀士族藐视的态度。陶渊明从少年时代就很喜爱荆轲。

在这首诗里,他着重地刻画了荆轲那种憎恨强暴的复仇精神,他以豪迈激荡的诗笔概括和突出了《史记·荆轲传》中的荆轲的形象,"凌厉越万里,逶迤过千城",比《史记》原文更着力渲染;"图穷事自至,豪主正怔营",更发挥想象,让一个横扫六合的暴君在荆轲的英勇形象面前战栗起来。这是《史记》原文所没有写的。结尾又对荆轲加以正面的歌颂赞叹,丝毫不给人悲哀失望的感觉。过去许多评论家都认为陶渊明写这首诗有为晋复仇的用意。如清陈沆《诗比兴笺》说:"匹夫欲报国仇,舍荆卿、豫让、子房之事无由也,故特咏之。"从陶渊明内心具有的一定豪侠性格来看,这是有可能的。还有一点值得注意的地方,伯夷、叔齐反对武王"革命",是用"叩马而谏""采薇而食"的手段,他们反对"以暴易暴";而陶渊明之咏荆轲,却歌颂了燕丹的"志在报强嬴"。这里有局限性的一面,也有积极的一面。

在《读〈山海经〉》里,他的豪放热情,又在神话领域里表现出来:

夸父诞宏志,乃与日竞走。
俱至虞渊下,似若无胜负。
神力既殊妙,倾河焉足有。

余迹寄邓林,功竟在身后①。

精卫衔微木,将以填沧海。
刑天舞干戚②,猛志固常在。
同物既无虑,化去不复悔③。
徒设在昔心,良辰讵可待。

前一首诗,歌颂了夸父敢于和太阳竞走的雄心壮志。诗中说竞走未分胜负,是有意强调夸父的勇气和力量。写夸父道渴而死,竟把悲剧转化为对他"神力"的歌颂。最后又强调他战斗精神的胜利是"功成在身后"。在对题材的艺术处理上,这首诗和《咏荆轲》有相同之处,就是对悲壮的题材,更多地强调"壮"的一面。后一首诗,写精卫、刑天的神话,精卫敢于衔微木填塞沧海,刑天与上帝争神,被上帝断首后还能"以乳为目,以脐为口,操干戚以舞",反抗精神极为强烈。沧海虽大,上帝虽强,并

---

① 《山海经·海外北经》说,夸父与日逐走,入日;渴,欲得饮,饮于河、渭;河、渭不足,北饮大泽。未至,道渴而死。弃其杖,化为邓林。
② 盾斧,指兵器。
③ 同物、化去,皆指死去化为异物。

不能迫使弱者屈服。诗人所深深感动的，也正是他们那种"猛志固常在"的精神。他写这首反抗和复仇的诗，也许和《咏荆轲》有相同的用意。

我们读这几首豪放的诗，一方面固然要注意它们和晋宋易代的事件可能的联系，但是，也决不能局限于这个事件，而应该联系到陶渊明一生的思想道路来分析。从少年时代的"猛志逸四海"，中年的"日月掷人去，有志不获骋"，到老年的"猛志固常在"，这里显然有一种济世的热情贯注着他的一生。朱熹说陶渊明是"欲有为而不能"的人，又说："陶渊明诗，人皆说是平淡，据某看他自豪放，但豪放得来不觉耳。其露出本相者，是《咏荆轲》一篇，平淡的人如何说得这样言语出来。"朱熹是个道学家，但他这几句话还是有些道理的。陶渊明这几首诗，无论从精神或手法来看，浪漫主义的特色都非常突出。这并不是出于偶然的。

陶渊明晚年，生活愈来愈贫困。当农田收成较好的时候，他还能过"欢言酌春酒，摘我园中蔬"的清淡自得的生活，但遇到天灾，有时就落到断炊挨饿的境地。他的朋友有时也主动送钱周济他。有时，他也不免上门请求借贷。刘宋著名的文学家颜延之，和陶渊明在文学的风格趣味上并不相投，但两人交情却比较好。他们相识于义熙十一年（415），到宋少帝景平元年（423），颜做始安郡太守，经过浔阳,每天都到陶渊明家饮酒。临走之时,留下两万钱给陶渊明,陶渊明就全部送到酒家,陆续取酒。

不过,陶渊明之求贷或接受周济,是有原则的。他绝不肯为了钱财,就改变固穷守节的志趣。宋文帝元嘉元年(424),檀道济为江州刺史,亲自到他家拜访。这时,他已经挨饿很久,起床也困难了。檀劝他说:"贤者处世,天下无道则隐,有道则至;今子生文明之世,奈何自苦如此?"陶回答说:"潜也何敢望贤,志不及也。"檀道济馈以粱肉,被陶渊明挥而去之。大概也就在这前后,他写了《有会而作并序》这首诗:

旧谷既没,新谷未登。颇为老农,而值年灾。日月尚悠,为患未已。登岁之功①,既不可希。朝夕所资,烟火裁②通。旬日已来,日念饥乏。岁云夕矣,慨然永怀。今我不述,后生③何闻哉!

弱年逢家乏,老至更长饥。

---

① 指收成。
② 才。
③ 指子孙。

菽麦实所羡,孰敢慕甘肥①。
恧②如亚九饭③,当暑厌寒衣。
岁月将欲暮,如何辛苦悲。
常善粥者心,深念蒙袂非。
嗟来何足吝④,徒没空自遗。
斯滥岂攸志,固穷夙所归。
馁也已矣夫,在昔余多师。

从这里可以看出,他的生活已经贫困到了极点。有时不免要叩门借贷,甚至因借贷而受过侮辱。这种悲愤和痛苦折磨着他的自尊心,他用"常善粥者心"这四句沉痛反激的诗,抒发了自己的志气。难道为了一碗稀粥,就要卑躬屈节地向富贵的人低头称谢么?难道为了维持生命,就应该接受"嗟来之食",丧失可贵的廉耻心么?最后四句,他坚决表示,自己不怕饥饿,要以"不食嗟来之食"这样

---

① 美味。
② 恧(nì),饥意。
③ 刘向《说苑·立节》:"子思居卫,缊袍无表,三旬而九食。""亚九饭"指自己比子思三旬九食的情况还要次一等。
④ 《礼记·檀弓》记:齐国遭饥荒,黔敖备食物于路上赈济饥民。有一饿者蒙袂(以衣袖遮着脸)而来,黔敖说:"嗟,来食!"饿者扬目视之说:"予唯不食嗟来之食,以至于斯!"终不食而死。

的人为师。他在饥饿之中拒绝檀道济所馈赠的粱肉，正是这种志气的行动表现！

在饥饿贫困之中，诗人的身体愈来愈衰老了。元嘉四年（427）秋天，他病了，大概预感到自己命不久矣，在九月中神志还清醒的时候，给自己写了《挽歌诗》三首，第三首中末两句说："死去何所道，托体同山阿。"他对死亡说得这样平静自然，如果没有真正的修养，是做不到的。同年九月，他还写了一篇《自祭文》，概括地回顾了自己躬耕隐居、艰苦自励的一生。据朱熹《资治通鉴纲目》，就在这一年的十一月，陶渊明就逝世了。年六十三岁。

亲友们依照嘱托，以"省讣却赙[①]，轻哀薄敛[②]"的朴素丧葬仪式安葬了他。

---

① 不发讣告，不要礼物。
② 薄葬。

第八章 文学上的成就和影响

在介绍了陶渊明的生平事迹和重要作品之后,我们对他的生活和思想发展的道路,已经有了一个比较概括的认识。但是,如果要有比较具体的认识,还必须看到他思想发展的内在矛盾。

　　他少年时期,从传统的儒道两家思想以及家庭环境影响中,同时接受了两种互相矛盾的观点,培养了"猛志逸四海"和"性本爱丘山"两种不同的志趣,但是"大济苍生"仍然是他主要的思想。当他带着这些思想进入士族统治、军阀当权的东晋后期的社会以后,经过几度出仕和归隐的反复,眼看"大济苍生"的理想不能实现,他的思想面临一个矛盾:是和统治阶级同流合污呢?还是归田躬耕,求得洁身避祸呢?当他决心归田以后,在贫困生活的压迫下,这种矛盾仍在继续。所谓"贫富常交战,道胜无戚颜",正是指的这种矛盾。在这一重矛盾上,他的思想斗争是经常进行的,并且始终都得到了结果。他并不是一个只会啸傲山林、悠游岁月的闲居隐士。他"结庐在人境",亲身参加一定的劳动,坚信"衣食当须纪,力耕不吾欺"。在黑暗污浊的社会里,他依靠自己的劳动,躬耕自食,艰苦自励,坚决不和统治阶级同流合污。

但是,他的思想矛盾还有另一方面。是继续坚信"大济苍生"的远大理想,继续对黑暗现实采取不调和的态度呢?还是对黑暗的现实不闻不问,"淡然忘世",无形中放弃自己的理想呢?在这一重思想矛盾面前,他的态度就不像对待前一重矛盾那么自觉了。"啸傲东轩下,聊复得此生""吾生梦幻间,何事绁尘羁"等诗句,说明他的确是经常滑到这条逃避现实矛盾的道路上去的。但是,他究竟还有不少诗篇证明他并没有完全忘怀现实,所以鲁迅先生说:"陶潜正因为'并非浑身静穆',所以他伟大。"①

理解以上两重矛盾,是认识他全部创作思想内容的基本关键。应该说明,他现存的作品,大多数是归田以后所写的,因此,密切注意后一重矛盾,对分析他后期的诗歌尤其具有重要的意义。

他的诗歌,从题材、内容来说,可以大致分为咏怀诗和田园诗两类,虽然两类都是抒情诗,但在思想内容上显然各自有所侧重。

他的咏怀诗(包括《杂诗》《饮酒》《拟古》《咏贫士》

---

① 《且介亭杂文二集·题未定草(七)》。

《读〈山海经〉》以及咏史等作品），表现了他从出仕到归田以后的种种生活体验。这里有向往功名事业的远大抱负、"欲有为而不能"的深刻苦闷、安贫守节的清高志向，甚至除暴复仇的强烈愿望；这里也隐微曲折地揭露了社会现实的污浊和黑暗。但是，逃避矛盾、忘怀现实、人生如梦、及时行乐等类的消极思想，也经常流露出来。

他的田园诗（包括《怀古田舍》《归园田居》《西田获早稻》《下潠田舍获》《怨诗楚调示庞主簿邓治中》《桃花源诗》等），则表现了其躬耕苦作的各种体验。这里有对劳动的道德和美学意义的体会、在劳动中和农民的亲密关系、对农村田园景色的欣赏，也有饥寒贫困生活的痛苦体验。他对农村的认识，在后半生躬耕过程中愈来愈深入，最终在这一切体验的基础上写出了桃花源的幻想社会，对封建社会制度提出了抗议。但是，这里也流露了不少乐天安命、知足保和、复古落后的消极思想。这些诗虽然总的来说还是封建士大夫的诗，但其中确实有不少诗用的是接近农民的"田家语"，诗人虽然只是叙述自己劳苦生活的感受，并不代表农民说话，但是，没有劳苦生活体验的人是写不出来的。

当然，这两方面的内容，往往互相渗透，密切难分。他的躬耕田园本来就是在无法进取的条件下采取的退守之法，但是躬耕生活又使他更进一步认识生活的艰难、社会的现实，砥砺他的道德品格，增强他抗拒浊世的力量。

从中国诗歌的发展过程来看，在咏怀诗方面，从《诗经》的《小雅》,《楚辞》的《离骚》《九章》,到《古诗十九首》、三曹、七子，特别是阮籍、左思，早已形成了一个源远流长的传统，积累了十分丰富的经验。无论是比兴象征的艺术、微言暗讽的技巧，或是寓言的结构、借古喻今的手法，他都可以左右逢源得到借鉴。如果从一般的思想内容、语言词汇来说，取源更是宽广，《论语》《庄子》《史记》《汉书》等类的散文著作，乃至汉魏辞赋、小说异书，都无不可以取用。但是，在田园诗方面，情况就完全不同了。除了《诗经》的《国风》《周颂》中有几首农事诗而外，在陶渊明以前我们几乎很难找到描写田园生活的诗歌。也就是说，在他以前的诗人们，几乎从来没有人想到在春种秋收的平凡田园生活和劳动中，还会有什么值得描写的东西。这种认为"田家语"不足以登风雅之堂的传统偏见，在钟嵘《诗品》中为陶渊明辩护的话里有着非常清楚的流露。懂得了这个诗史的背景，我们就可以说，陶渊明几乎是在空白的荒野里开辟出了田园诗这个艺术的园地，独立地创造了田园诗的新形式，在中国诗歌发展史上作出了贡献。

陶诗在我国抒情诗艺术的发展史上，占有重要地位。

以五言诗的历史来说,从两汉乐府民歌到建安诗歌,是一个重大的变化。诗歌从民间转入文人手中,由叙事为主转为抒情为主,诗人的个性开始显露。以后正始、太康时期的诗歌,基本上沿着这个文人化、抒情化、个性化的方向发展,但是除阮籍、左思等几个杰出诗人外,他们在艺术风格的个性化上都没有什么成就。东晋时代广泛流行的玄言诗,在艺术上更是大大倒退了。陶渊明却如异军突起,不仅突破了内容空虚狭隘的局限,把田园生活引入诗篇,而且在艺术技巧上也表现了革新的精神,使诗歌的个性化达到了新的高度。

前代的文学批评家常常用质朴、自然等类的词语来形容陶诗,例如钟嵘《诗品》说他"文体省净,殆无长语,笃意真古,辞兴婉惬",黄庭坚说他的诗"不烦绳削而自合",秦观说他的诗"长于冲淡",朱熹说他的诗"平淡出于自然"。意思都基本一致。这些话都不错,但是我们又都会感到说得不够透彻,好像这里还有一层秘密没有揭开。

苏东坡论陶诗的几句名言,比较满足了我们的要求。他说:"渊明诗初视若散缓,熟视之有奇趣。"(《冷斋夜话》引)在平淡散缓的外表下面看出其内在的"奇趣",的确多少说出了陶诗的秘密。陶渊明的生活是平易近人的,但他品格的耿介超拔,胸襟的光明俊伟,的确又远远地超出同时代文人之上；他的这种性格胸襟的形成，又和他自幼就生活的农村自然环境息息相关，他观察事物的眼光自然也就高出一般的诗人。因此，他即使是写最平常的事物，也能显示出不平常的诗意。"日入室中暗，荆薪代明烛"，不过是极平常的一束照明的荆条，但是诗人写出来就增强了亲邻之间欢聚谈笑的生活气氛。"弊庐何必广，取足蔽床席"，只用"床席"两字，就具体地写出他安贫守俭的生活。"通子垂九龄，但觅梨与栗"，也是以两种极平凡的果子，写出一个又可气又可笑的孩子，也显出自己做父亲的慈祥和幽默。从前诗中很少见的那些平凡的事物，如桑、麻、鸡、狗等事物，一经他写入诗篇，和他的生活、志趣融合起来，无不充满奇趣盎然的诗意。读过陶诗的人，都会对他描写的农村景物留下极深刻的印象。实在说，陶诗中找不出一首诗是像后来谢灵运那样为写景而写景的。他不过为了抒情，随意点染几句景物，但是，也就是这些随意点染的诗句，往往使人感到百读不厌，光景常新。"鸟哢欢新节，泠风送余善"，"平畴交远风，良苗亦怀新"，"日暮天无云，春风扇微和"，同样都是写春天，但都写得这样简练丰富，不相重复。"凄凄岁暮风，翳翳经日雪。倾耳无希声，在目皓已洁。"诗人似乎是毫不经意地就写出了人们在冬雪时候的一切细微的感觉。更重要的是这些景语在各首诗中都和诗人所抒写的感情很微妙地融合在一起,成为表现诗人胸怀志趣的有机组成部分。因此,平凡的景物,就具有了不平凡的诗的意境。陶渊明以前,诗人很少写日常平凡的生活,到陶渊明才广泛地将日常生活诗化,而且把日常生活和崇高的思想完美地结合起来。

苏东坡还说过陶渊明的诗"质而实绮,癯而实腴"。这是说他的诗平淡之中有无限风采,简练之中有深厚的情味。这一点和前一点本来也是相通的。不过前一点更多的是说内容和意境,而这里更多的是说他的语言风格。一定的思想内容、生活境界,必须有相适应的语言风格来表现。陶诗的生活内容既然平易近人,语言风格自然也会质朴简练,"殆无长语"。我们只要把他的诗和曹植、阮籍以及比他稍晚的谢灵运相比,可以看出他的诗中铺排语很少,用典故很少,渲染物色的形容词更少。"山气日夕佳,飞鸟相与还""晨兴理荒秽,带月荷锄归""相见无杂言,但道桑麻长",除了精选的名词、动词而外,几乎看不见什么形容词,但是谁都会承认这些诗句形象性的鲜明。他的许多诗(如《移居》《责子》等),除个别句子需要略加注释而外,一般读者都可以看懂。刘勰曾说魏晋诗文的特点是"浅而绮",经过比较,实际是,魏晋诗人中还没有人把诗写到如陶诗这样接近口语的程度。浅近不等于单薄,浑朴不等于粗糙,散缓不等于拉杂拖沓,但要做到陶诗那样"质而实绮,癯而实腴",归根到底还在于他的艺术修养和思想修养。他的诗风,也正是他的思想性格的反映。清代沈德潜《说诗晬语》中有一段话说得很精彩:

> 陶诗胸次浩然,其中有一段渊深朴茂不可到处。唐人祖述者,王右丞有其清腴,孟山人有其闲远,储太祝有其朴实,韦左司有其冲和,柳仪曹有其峻洁,皆学焉而得其性之所近。

这一段话中,沈德潜举出王维、孟浩然、储光羲、韦应物、柳宗元这几个以学习陶诗著名的唐代诗人的不同风格作为镜子,反映出陶诗完整统一的朴素风格中含蕴着的丰富多彩。

陶渊明在文学史上有着重要的影响,但是在他的生前和死后的一两百年中,却受到人们的冷淡和歧视。

陶渊明的朋友颜延之,后来在刘宋时成为地位仅次于谢灵运的文坛领袖,但是他所作的《陶徵士诔并序》中,只称赞陶渊明的清高的人格,对他的文学,只说了一句"文取指达"。他死后六十年,另一个文坛领袖沈约作《宋书》,也是把陶渊明的传记归入《隐逸传》一类,对他的文学成就，几乎只字未提。梁代钟嵘的《诗品》对他的诗歌艺术特色有了比较具体的评述，而且称他为"隐逸诗人之宗"，对陶渊明显然比前人重视了，但是在评定等级时，仍然只把他列为中品，放在陆机、潘岳、张协、谢灵运等人之下。萧统对陶渊明的诗文相当重视，自称"爱嗜其文，不能释手"，并亲自替他编集、作序、作传。《序》中称赞："（渊明）文章不群，辞采精拔，跌宕昭彰，独超众类。"评价相当高。但是他编《文选》的时候，却只选录了八首陶诗，选录的数量远远没有谢灵运那么多。显然钟嵘和萧统都不能摆脱时代偏见，仅把陶诗看成正宗诗体以外的别体，只能聊备一格，私下欣赏。

到了唐朝，陶渊明的诗歌地位得到很高的估价。首先，李白、杜甫、白居易、韩愈这些大作家对陶渊明有了深挚的敬慕和很高的评价。另一方面还出现了一个以盛唐的王维、孟浩然和中唐的韦应物、柳宗元为代表的山水田园诗派，这就壮大了陶诗在诗坛上的声势地位。但是，也是从唐代开始，对陶渊明的看法开始出现了比较明显的分歧。李白对陶渊明是非常热情向往的，"何时到栗里，一见平生亲""何日到彭泽，长歌陶令前"，可以看得很明显。高适在不愿意做"逢迎长官""鞭挞黎庶"的县尉的时候，也表示过"转忆陶潜归去来"。同时代的王维，虽然是山水田园诗派的代表作家,在艺术风格上也有接近陶渊明的地方,但在思想上却很和陶渊明格格不入。他仿陶的名作《桃源行》,艺术上虽很有成就,但把桃花源说成仙境,在根本精神上却违背了陶渊明的原意。他甚至责备陶渊明不应该解印去官,去过"叩门拙言辞"的"屡乞而多惭"的生活。把陶渊明看作东晋的忠臣的看法开始于梁代的沈约与萧统,到唐代吕向、刘良等人的《五臣注文选》已开始宣传沈约题年号、甲子的观点,极力强调他"耻事二姓"。颜真卿的《栗里诗》更说"呜呼陶渊明,奕叶为晋臣"。他们把陶渊明对当时整个统治阶级的不满,缩小在仅仅对刘宋不满的范围以内。

唐朝人不大写文学批评的正面议论,他们很善于形象思维,因而也很懂陶诗,但不大发表议论。宋朝诗话发展起来了,评点文章的风气大开。从他们的诗话或一般散文中,可以看出陶渊明在文坛上受到重视的情况。从我们前面的引证中,可以看出苏东坡和朱熹在评论陶诗上颇有新鲜的创见。陆游、辛弃疾和金朝的元好问推崇陶诗,对后代也颇有影响。范成大的田园诗有较大成就,也颇得益于陶诗。对陶渊明看法的分歧,在宋代也有了更大的发展。大概说来,北宋人论陶,是强调他的真率、自然,南宋人则较多地强调他的"耻事二姓"的"忠愤"。

元、明、清时代，陶渊明的地位已经不可动摇了。论陶的基本观点倾向，一般已跳不出唐、宋人两种对立意见的圈子，但清人中的龚自珍、谭嗣同的推崇陶诗，却能别有寄托。他们特别强调陶诗的"不平淡"精神。如龚自珍把陶渊明和屈原、诸葛亮相比，并以"吟到恩仇心事涌，江湖侠骨恐无多"来说明他在读渊明《咏荆轲》诗时的激荡心情。谭嗣同以为渊明"伤已感时，衷情如诉"，乃是"慷慨悲歌之士也，非无意于世者也"。龚、谭两人，都是中国近代史上的杰出思想家，他们这样来评价陶渊明，固然表现了他们的识力，同时也和当时的现实环境以及个人的抱负密切相关，因而也是有感而发的。

我们也要指出：陶渊明诗中存在的那种在落后、停滞的封建自然经济条件下形成的怀恋过去、满足现状、"乐天安命"、"知足保和"、"委任自然"等思想，尤其和今天的时代精神格格不入。在以往的现实生活中，有些人一面采取逃避、游离的态度，一面却以效法陶渊明的"退隐"来自居。虽然这主要由他们自己落后的世界观所决定，但陶诗的消极一面却也起了一些作用。

附录一

陶渊明名作赏析

《归园田居》诗二首

《归园田居》五首是陶渊明弃官归田的第二年所写的一组诗。这一组诗,历来被称为陶渊明的代表作。这里要说的,只是组诗中的前两首。

归园田居·其一

少无适俗韵,性本爱丘山。
误落尘网中,一去三十年。
羁鸟恋旧林,池鱼思故渊。
开荒南野际,守拙归园田。
方宅十余亩,草屋八九间。
榆柳荫后檐,桃李罗堂前。
暧暧远人村,依依墟里烟。
狗吠深巷中,鸡鸣桑树颠。
户庭无尘杂,虚室有余闲。
久在樊笼里,复得返自然。

第一首写的是他摆脱尘网仕途，回到他所熟悉的家园以后，感到很愉快和安慰。初读此诗的人，往往因为不太了解诗人的生活经历和时代背景，只从字面上领会其大意，以为陶渊明大概是生活在一个太平的时代，他的归田大概是从繁华喧嚣的城市回到风景优美的农村，过着安静舒适的清闲生活。这样的理解，其实包含着很大的误解。

历史的事实告诉我们，陶渊明生活在一个战乱连绵的时代，不用远说，只说他辞官归田之前的七八年内，东晋就有398年王恭、庾楷、殷仲堪、杨佺期、桓玄等人的联合叛乱；有399年至403年间孙恩、卢循的农民起义军在沿海各郡与刘牢之、刘裕的官军反复多次的战争；有399年桓玄袭取荆州，杀死殷仲堪的战争；有402年桓玄领兵沿江东下，占领建康的战争；又有404年至405年刘裕联合各州郡兵力讨伐桓玄的战争。陶渊明的家乡江州浔阳郡正是在桓玄与刘裕前后来回拉锯战争中饱受战祸的地方，403年桓玄在建康称帝，还曾经把晋安帝迁到浔阳。陶渊明本人在400年曾西到江陵，在窃据荆州刺史的桓玄手下做事；404年他又到东海边，担任了镇军将军刘裕的参军。一系列政局的风云变幻和战争的血腥屠杀就在他的眼前发生，他想要闭眼不看也不可能。

懂得上述的时代背景，我们再来说这首诗。

这首诗可以分为前后两段。前八句为前段,后十二句为后段。

"少无适俗韵,性本爱丘山"是说自己从少年时代起,就缺乏那种适应世俗的风度,自己生性所爱的就是山水自然。所谓适应世俗的风度,就是指当时一些士大夫们"以放浊为通而贱守节"的作风。我们知道,他归田的那年(405)已经四十一岁了,写四十以后的事,还从少年时代喜爱山水自然的兴趣谈起,是不是有点扯得太远呢?我们认为并不远。相反地,只有从少年时代写起,才能说明他厌弃世俗,喜爱自然的思想由来已久,已经习惯成天性了。

"误落尘网中,一去三十年。""尘网",即指仕途,官场。有时又称"世网",如陆机《赴洛道中作》:"借问子何之,世网婴我身。"这是说整个官场好像一张捕捉鸟兽的罗网。误落尘网中,与《归去来兮辞》悔恨自己误入"迷途"的意思相同。"三十年",当是十三年之误。陶渊明从二十九岁开始出仕,任江州祭酒,到四十一岁辞彭泽令回家,首尾恰好经历了十三个年头。

"羁鸟恋旧林,池鱼思故渊。"他把仕途比作"尘网""樊笼",把自己十三年来奔波宦海的生活,比作"羁鸟""池鱼"的生活,这并不是轻描淡写的随便的比喻。联系前面所说的时代背景,我们可以清楚地看到,他诗中所说的"尘网""樊笼"并不只是意味着仕途的庸俗和污浊，官场的拘束和限制，而且还意味着种种可怕的阴谋危机和残酷屠杀对他的威胁，我们试读他晚年所写的那篇《感士不遇赋》：

密网裁而鱼骇，宏罗制而鸟惊。
彼达人之善觉，乃辞禄而归耕！

显然就是用隐微含蓄而又生动具体的比喻，反映他十三年来在宦途中所目击、所痛恨、所畏惧，避之唯恐不速的现实，这里的"达人"，显然就是他自己，至少是包括他自己。对照着这样污浊险恶的环境，他少年时代"性本爱丘山"，"无乐自欣豫"，忘情于山水自然的美好生活，就是他一生最值得回忆的黄金时代了。我们读一读他十三年来在宦海奔波中所写的诗句吧：

静念园林好，人间良可辞！（《庚子岁五月中从都还阻风于规林》其二）
商歌非吾事，依依在耦耕。（《辛丑岁七月赴假还江陵夜行涂口》）
目倦川途异，心念山泽居。

望云惭高鸟，临水愧游鱼。(《始作镇军参军经曲阿作》)

一形似有制，素襟不可易。

园田日梦想，安得久离析。(《乙巳岁三月为建威参军使都经钱溪》)

这些诗句不仅说明当宦途中许多痛苦不断折磨着他的时候，他少年时代忘情于山水田园的生活就不断地在他的回忆、梦寐中出现，召唤着他。他的思想中也发生了愈来愈激烈的矛盾和斗争：他所以"惭高鸟"，就因为他感到自己像"羁鸟"；所以"愧游鱼"，也是因为感到自己像"池鱼"。一种渴望自由的思想，流贯在他十三年来的诗篇里。

"开荒南野际，守拙归园田。"归田的思想终于取得了最后的胜利，他终于开荒南野，守拙归田了。关于他的"开荒南野"，我们可以追溯到他的《癸卯岁始春怀古田舍》那两首诗。癸卯年是403年，那年的春天，他已经首次实践了躬耕的愿望，并产生了"长吟掩柴门，聊为陇亩民"的打算。现在守拙归田，也就是实现"长吟掩柴门，聊为陇亩民"的夙愿的开始。诗人说归田是守拙，表面看来是自谦，实际上却是一种倔强，也是对热衷仕宦，投机取巧的人们投以蔑视。陶渊明很真率，他并不讳言自己曾经为贫而仕，但是当他看透仕途,决计守拙归田之后,他对入仕与归田,取巧与守拙的看法,自然就有高下之别了。苏轼说"陶渊明欲仕则仕,不以求之为嫌;欲隐则隐,不以去之为高"[①],恐不合渊明本意。以上八句诗,可以说用最简练含蓄的语言,概括地叙述了他自己的前半生。

这首诗的后段,才是正面地写他自己回到田园,重温田园的自然景物和生活气氛,抒发了出自内心的欣慰之情。

"方宅十余亩,草屋八九间。榆柳荫后檐,桃李罗堂前。"这四句是简述他自家庭院的风光。明人黄文焕说它写得"语俗而意愈雅",说得很不错。地几亩,房几间,确实是俗而又俗的家常话。榆柳有阴,桃李有花。房前屋后互相映照,不必刻画,景色已自在其中。

"暧暧远人村,依依墟里烟。"写远方的村落炊烟,朦胧疏淡,着墨不多,却给人无限亲切之感。

"狗吠深巷中,鸡鸣桑树颠。"这两句借用汉乐府《相和歌辞·鸡鸣》的"鸡鸣高树颠,狗吠深宫中",很本色,很现成,只改动一两个字。前人写和平富庶,说"邻邑相望,鸡狗之音相闻"(《庄子·胠箧》);写战争的灾难,说"白骨露于野,千里无鸡鸣"(曹操《蒿里行》)。陶渊明借这两句诗

---

① 《东坡题跋·书李简夫诗集后》。

很自然地写出了乡村中那种和平安宁的生活气氛。

"户庭无尘杂,虚室有余闲。"这是写他家门庭萧寂、室内闲静的气氛。有人见"虚室"两字是庄子用过的词语,就扯到"学道""有道"一类的哲学上去,其实《庄子·人间世》的"虚室生白",是比喻人的心地空明,充满日光,是玄虚的。陶诗的"虚室"是与"户庭"相对而言,恐非庄子之"虚室"。当然,诗人写门庭室内环境也是为了表现自己不慕荣利、淡泊宁静的个性。

"久在樊笼里,复得返自然。"是最后点出回到田园后的欣慰心情,也可以说是这首诗甚至是这组诗的主题思想。是的,陶渊明虽然自少就喜爱自然,但是,只有在经历了十三年"误落尘网""久在樊笼"的痛苦生活之后,他才更真切、更深刻地感到复返自然是最大的精神安慰。就以他的庄院、他的乡村景物来说,原来也不过是南方很常见的庄院和乡村,虽然陶渊明自幼栖息其间,曾经给他留下难忘的回忆,但是,也只有经过十三年的奔波、苦难之后,当他像一只破笼而出的鸟儿,从黑暗可怕的樊笼里飞回来,这一片熟悉而又亲切的山岗、田野、村落、炊烟又出现在他眼前,并和他朝夕相见的时候,他才真正懂得,他现在不仅是在重温旧梦,而且是在重新开始一种艰苦的,然而也是自由的新的生活。这两句诗的感情是平静温和的,但在平静之中是有着内心深处的激动的。

有的读者会问:经过战乱的浔阳农村会像陶诗所写的那样和平宁静吗?

我们的回答是:正因为诗人是刚从战乱的风波里归来,刚从"尘网""樊笼"里解放出来,他才会对极平常的农村产生这种和平宁静的感觉。至于他诗中极力避免提到时事,那恐怕是因为自魏末正始以来,许多诗人都在学阮籍"发言玄远,口不臧否人物"的处世哲学,陶渊明也难免受其影响。我们只要联想一下那个"天下多故,名士少有全者"的时代,多少作家卷入统治阶级贵族们互相残杀的斗争中而做了牺牲品的悲剧,我们也许就可以明白当时人们罕言时事的风气,实在并非偶然。当时玄言诗赋盛行,也并不都是因为大家特别好清谈务虚。陶诗虽然在语言上曾受玄言诗风的影响,作诗也有意地回避了一些现实的矛盾,但他究竟还是如鲁迅所说的"并非浑身静穆"。萧统说他的诗"语时事则指而可想",就可见人们仍然能够从他的诗里看出那个时代的影子。《归园田居》五首也不例外。

下面,我们来谈谈组诗的第二首。

归园田居·其二

野外罕人事,穷巷寡轮鞅。

白日掩荆扉，虚室绝尘想。
时复墟曲中，披草共来往。
相见无杂言，但道桑麻长。
桑麻日已长，我土日已广。
常恐霜霰至，零落同草莽。

这首诗描述的是他归田隐居后的日常生活。"野外罕人事，穷巷寡轮鞅"两句是说他归田之后就和上层社会疏远甚至断绝了交往。"野外"是指相对于城市而言的农村；"罕人事"，是说少有世俗的交际应酬、互相馈赠之类的事。"穷巷"，是僻陋的胡同；"轮"，指车轮；"鞅"，指马驾车时颈上所带的皮套皮绳；"寡轮鞅"，是说少有车马贵客来访。"白日掩荆扉，虚室绝尘想。"是说因为没有交际来访的事，所以他白天也常常关着柴门；室居自娱，心里没有种种的世俗杂念。在《世说新语·品藻第九》中有一段话说："有人问袁侍中曰：'殷仲堪何如韩康伯？'答曰：'理义所得，优劣乃复未辨；然门庭萧寂，居然有名士风流，殷不及韩。'故殷作诔云：'荆门昼掩，闲庭晏然。'"陶渊明在403年冬天写的《癸卯岁十二月中作与从弟敬远》诗也说："寝迹衡门下，邈与世相绝。顾盼莫谁知，荆扉昼常闭。"参读了这两段"荆扉昼闭"的诗文，我们对这句诗的意境也就不难领会了。陶渊明归田初期,家里还有奴仆使唤,他辞官回家,还能有"僮仆欢迎"。鲁迅说"靖节先生不但有妾,而且有奴。奴在当时,实生财之具"[①],大概也不错。因此,我们也不应设想陶渊明归田后,就完全像一个农民那样成年累月都在田里劳动。他自己的诗就说:"既耕亦已种,时还读我书。"所以农闲时,他就可以闭门在家,过琴书自娱的清闲生活。他和农民在生活上、思想上存在着距离是不足为怪的。

"时复墟曲中,披草共来往。相见无杂言,但道桑麻长。"这四句诗是和前四句对照着来写的。前四句所谓"罕人事""寡轮鞅",都是指与上层社会的关系。这四句中披草来往,共话桑麻,则都是写与村里农民的关系。"墟曲中",就是乡里中,农村中。"披草"就是在长着荒草的乡村小道上拨草寻路。袁宏《三国名臣序赞》:"公瑾英达,朗心独见。披草求君,定交一面。"从这几句诗,可以看到诗人对躬耕生活已渐渐熟悉了,他在和农民的来往中,已体会到一种与上层社会人与人之间充满虚伪机巧的情况完全不同的淳朴的关系。他和农民相见,自然而然都是谈论着桑麻生长的好坏这些共同关心的问题。这不仅意味着他和农民

---

① 《致杨霁云》。

已经有了共同的语言;也意味着他和农民之间已开始建立了淳朴的友谊。人是无法长期离群独处的,和上层社会关系疏远一分,和下层农民的关系就亲近一分。

"桑麻日已长,我土日已广。常恐霜霰至,零落同草莽。"诗人身在田园,心在田园,自然就心想桑麻,口话桑麻。眼看桑麻一天天长成了,前诗说的在南野开荒的面积也一天天扩大了。随着劳动成果即将到手的喜悦而来的,就是担心忽然而来的霜霰之灾可能使桑麻庄稼枯萎零落。这种一则以喜、一则以惧的心情,也是他和农民们共同的感情。明人黄文焕说:"曰桑麻长,土日广,喜前之所开者已成也。又亟曰常恐零落,忧兹之已成者复秽也。"清人方东树说:"恐其零落,方见真意在田园。"分析都很确当。但是,这里也要附带介绍,除上述解释之外,也还有一些人循着比兴说诗的老传统,把霜霰零落两句引申到时事政局上面去。例如元人刘履《选诗补注》卷五就说:"然我之生理有成,而志愿已遂,但恐天时变革,霜霰凋伤而零落同于草莽耳。盖是时朝将有倾危之祸,故有是喻。然则靖节虽处田野而不忘忧国,于此可见矣。"我们不是说陶渊明不用比兴,只是说这里不像用比兴。因为霜霰二句本是紧接着桑麻日长而来。桑麻成长既是直叙,霜霰二句就不会没头没脑地又改用比兴。我们也不是说陶渊明不忧国事政局,只是说当他正写与农民共话桑麻而无其他杂言之时，决不能无头无脑地又说到忧国的事情上。而且，农民也不大可能是他共话朝政的对象。所以我们没有采用此种解释。

梁代钟嵘《诗品》论陶诗，列之于中品，后代许多诗人、诗评家都在指责他怀有南朝文人爱华恶实的偏见。但他说陶诗既有"风华清靡"一面，也有"田家语"的一面，大体还符合事实。

《归园田居》正是他的"田家语"一类诗的代表作。所谓"田家语"，就是平淡质直，不用雕饰和辞采，而用比较接近生活的语言。只要把他的诗和曹植、阮籍、颜延之、谢灵运等稍作比较，就可以看出他的诗中铺排语很少，对偶句也不太多。用典故很少，渲染物色的形容词更少。如"方宅十余亩，草屋八九间。""相见无杂言，但道桑麻长。"除了精选的名词、动词而外，几乎看不见什么形容词。又如"榆柳荫后檐，桃李罗堂前。"绝不像谢灵运的"原隰荑绿柳，墟囿散红桃"，在字面上显出鲜艳的颜色。"田家语"一词，在钟嵘笔下是一个贬义词，差不多相当于后人所说的粗俗不堪、平淡无味之类的意思，而我们今天的看法恰恰相反，认为这是一个难得的褒义词。它除了表现为语言的朴素亲切、平易近人而外，还有一个特点，就是更广泛地把日常生活写进诗里，并使之充满诗意，从这两首诗里，我们就清楚地看到他把前代诗人很少用的桑、麻、鸡、狗等平常事物引入诗里，写出很高的意境，很厚的诗味。无论南北朝文人怎样低估陶渊明诗歌的成就，但他的诗由于含蕴着经久而弥新的深长诗味，在唐以后的诗人、诗评家眼中获得了越来越高的评价。

《癸卯岁十二月中作与从弟敬远》赏析

癸卯岁十二月中作与从弟敬远

寝迹衡门下，邈与世相绝。

顾盼莫谁知，荆扉昼常闭。

凄凄岁暮风，翳翳经日雪。

倾耳无希声，在目皓已洁。

劲气侵襟袖，箪瓢谢屡设。

萧索空宇中，了无一可悦！

历览千载书，时时见遗烈。

高操非所攀，谬得固穷节。

平津苟不由，栖迟讵为拙！

寄意一言外，兹契谁能别？

诗的题目明白地告诉我们：这首诗写于晋安帝元兴二

年（403）十二月中。这一年东晋王朝发生了桓玄公开篡夺晋安帝皇位的大事,而且在篡位之后,还把晋安帝迁徙到陶渊明的家乡浔阳,把他幽禁起来。迁晋安帝于浔阳的时间,也正是在这年的十二月十二日。这件大事发生在陶渊明的眼前,他自然是有所见闻的。我们再查查陶渊明的年谱,陶渊明在晋安帝隆安四年（400）、隆安五年（401）曾到江陵,在当时任荆、江二州刺史的桓玄手下做过事。桓玄是一个野心家,但当陶渊明在他手下做事的时候,他还是东晋王朝的荆州刺史。他的荆州刺史的职位也是晋安帝下诏授予的。从陶渊明从桓玄幕下两年中所写的《庚子岁五月中从都还阻风于规林二首》和《辛丑岁七月赴假还江陵夜行涂口》三首诗来看,他诗里不仅对桓玄委派给他的官事一字不提,而且对为桓玄幕僚有无限的悔恨,对俯仰由人的宦途生活有深长的感叹,以坚定的语言,反复表示了自己不愿留恋爵禄,要辞官归田的决心。不久,他遭遇母丧,果然就在隆安五年冬天辞桓玄幕回家来了。至于桓玄从荆州领兵东下,攻陷建康,自称太尉,总揽朝政,则是陶渊明辞官回家以后的事。当元兴二年（403）,桓玄杀会稽王司马道子,自称大将军,"不臣之迹已著"之时,陶渊明已经开始在家里躬耕了。明白了陶渊明的这一段生活历程,我们就可以读这首诗了。

"寝迹衡门下,邈与世相绝。顾盼莫谁知,荆扉昼常闭。"当桓玄在建康公然篡夺帝位,把晋安帝迁禁于浔阳的时候,陶渊明却在浔阳的茅屋里,闭户高吟着这样几句诗,对桓玄称帝的时事,不屑一提。其高傲遗世的风度,是令人仰止赞叹的。

"凄凄岁暮风,翳翳经日雪。倾耳无希声,在目皓已洁。"这里,是写他作诗时的暮冬大雪的景物。粗看起来,诗人只是毫不经意地描述着冬天大雪的过程,但反复品味,作者又好像非常精心地刻画出人们在冬雪时候的一切细微的感觉:随着一阵阵凄厉的风声,窗外是越来越暗淡阴沉的天色,暮雪降下来了,再渐渐过渡到听不到一点风声,你抬头一看,眼前已是一片晶莹洁白的世界。寥寥二十字,胜过后人千言万语。更难得的是,这些景语和诗中表现的诗人的胸怀志趣很巧妙地融合在一起,毫无雕琢的痕迹。

"劲气侵襟袖,箪瓢谢屡设。萧索空宇中,了无一可悦!"紧接着雪景,就直写自己饥寒贫困的感受。用笔是严峻的,在物质生活方面,诗人当时几乎已丧失了一切乐趣。但是,这首诗的诗意,正是要从严峻的诗句中引导出来。

"历览千载书,时时见遗烈。高操非所攀,谬得固穷节。"在生活极度严峻的时候,他翻开了古人的书籍,边读边想,一个个光辉的古人形象,浮现到眼前来了。古人高尚的人格风范，使他得到了安慰和支持；而其中最大的安慰，就是从历史人物的镜子里，照出了自己的形象。他以谦逊的语言说，古人的光辉典型，我自然不敢高攀比拟；但古人那一点不以羡慕富贵而改变节操的固穷的骨气，自己仿佛也学得几分了！

"平津苟不由，栖迟讵为拙！寄意一言外，兹契谁能别？""平津"，就是平坦的大道，也就是世俗人们所共趋的大道。所谓"何不策高足，先据要路津"是也。西汉时儒生公孙弘曲学阿世，汉武帝时官至丞相，封平津侯。"平津苟不由"解释为不愿走公孙弘的道路，也可以。这里诗人说，自己既不愿走举世共趋的康庄大道，那么过两天贫困隐居的生活也就不为笨拙了。末两句是说自己这番固穷的心意，在当世无人理解，只有从弟敬远一人是自己的知己。敬远是陶渊明的叔伯兄弟，比渊明小十六岁。两人的母亲也是姊妹。他们两人志趣非常相投，据陶渊明的《祭从弟敬远文》里说：

  念畴昔日，同房之欢。冬无缊褐，夏渴瓢箪。相将以道，相开以颜。岂不多乏，忽忘饥寒。余尝学仕，缠绵人事。流浪无成，惧负素志。敛策归来，尔知我意，常愿携手，置彼众议。

这一段祭文中所回忆描述的情景,和这首诗中的情景,也非常吻合无间。这里所谓"一言",也就是"固穷"两字。诗人的思想是丰富的,既在一言之内,也在一言之外。在饥寒交迫的境遇中谈"固穷"两字,谈何容易!这里有诗人当日辞桓玄幕府官职归来的许多现实的感受。种种的苦衷,种种的决心,大概也只有和渊明推心置腹的敬远才能深知了。

全诗没有一个字涉及时事,但诗题"癸卯"两字对熟悉晋史的人,又确实是"指而可想"。此诗的艺术技巧,就在于善用衬托。用凄凄、翳翳的暮冬阴暗的天色,衬托出雪景的晶莹洁白;用萧索饥寒的生活情景,衬托出诗人光明磊落的人格。极简洁严峻的语言,却给人极丰富的暗示。写雪的几句诗,历来为评点家们所称道,但回顾一下先秦汉魏以来的文学作品,也还约略可以看出前代人对他的启示。例如《楚辞·涉江》:"山峻高以蔽日兮,下幽晦以多雨。霰雪纷其无垠兮,云霏霏而承宇。"以幽晦的山雨、霏霏的浓云烘托无垠的霰雪。又如《世说新语·言语》所载:

  道壹道人好整饰音辞,从都下还东山,经吴中。已而会雪下,未甚寒。诸道人问在道所经。壹公曰:"风霜固所不论,乃先集其惨澹。郊邑正自飘瞥,林岫便已皓然。"

也是先写道上的风霜,惨淡的阴云,烘托出林岫的皓然白雪。总而言之,诗人写雪和国画家画雪一样,主要的技巧都在烘托。直到谢灵运的"明月照积雪,朔风劲且哀",仍然不离这烘托两字。

《饮酒》诗二首

饮酒·其五

结庐在人境,而无车马喧。

问君何能尔?心远地自偏。

采菊东篱下,悠然见南山。

山气日夕佳,飞鸟相与还。

此中有真意,欲辨已忘言。

陶渊明弃官归田后十二年,写了他的名作《饮酒》二十首,这组诗之前,有小序说:

余闲居寡欢,兼秋夜已长,偶有名酒,无夕不饮。顾影独尽,忽焉复醉。既醉之后,辄题数句自娱。纸墨遂多,辞无诠次。聊命故人书之,以为欢笑尔。

这则小序,短短几句话,给我们描述、烘托了他写这一组诗时的寂寞心情。他把这一组杂感式的咏怀诗称为《饮酒》诗,不仅反映了他写诗的心情,也反映了魏晋时代许多文人好饮酒、借酒逃避灾祸的时代特色。大家也许都知道魏末以阮籍为首的"竹林七贤"饮酒放达的故事。学过鲁迅著作的人,大概也记得鲁迅的一篇很有名的文章《魏晋风度及文章与药及酒之关系》,可知"饮酒"两字并非随意写上的两个字。萧统《陶渊明集序》说:"有疑陶渊明诗篇篇有酒。吾观其意不在酒,亦寄酒为迹者也。"

这首"结庐在人境",是《饮酒》诗二十首中传播最广的一首,很多人一说陶渊明,就会随口背出"采菊东篱下,悠然见南山"的诗句。但这两句诗究竟好在哪里,还得从头说起。

这首诗只是写他在家闲居生活的片段感想。"结庐在人境,而无车马喧。问君何能尔?心远地自偏。"这开头四句,看来似乎也很平常。他似乎只是在说:我虽然是住在人来人往的农村,门前倒也还清清静静,没有什么车响马叫的喧扰。要问我为什么能够这样清静?说起来倒也简单,只因为我思想上远离了那些高车驷马的上层人物,我家门前自然就偏僻清静了。这段话似乎是在自言自语，自问自答，又好像是话中有话，好像影影绰绰地在针对着什么人，不然，为什么要凭空提起"车马喧"的事呢？这就让我们想起，他写此诗时，他家已因遭火灾而移居到浔阳城外不远的南村。村里虽然大多数是种田人，但浔阳究竟是江州刺史所在的首府，在长江边上，在江陵与扬州之间东来西往的官船、商船都要在这里停泊。所以，这个村里就难免住上几个和朝廷、官府有关系，身在农村而心怀官场的人物。这就难免会招惹来一些高车驷马的达官贵人，给本来平静的乡村制造一些或大或小的风波。陶渊明轻轻提出一个"车马喧"的有无问题，就把真假隐士的门庭区别得一清二楚。所以，王安石说："渊明诗有奇绝不可及之语，如'结庐在人境'四句，由诗人以来无此句。"[1]可以说正是抓住了理解此诗的关键。

正因为诗人的思想真正地远离了官场，所以尽管他晚年生活穷苦，但他的心情却非常平静。有这样平静的心情，他才能写出"采菊东篱下，悠然见南山"这样优美的诗句。种菊、采菊，对诗人来说，也许是为了菊花的观赏价值[2]和

---

[1] 李公焕《笺注陶渊明集》卷三引。
[2] 《饮酒·其七》有"秋菊有佳色"。

医药保健的实用价值[①]。但是，当他低头采菊与仰头见山这一顷刻之间，诗人恐怕只是感到一种恬然自适的情趣，好像自己和篱菊、南山之间存在着一种"相视而笑，莫逆于心"的默契关系。这时，菊的观赏价值只存在于不言之中，而菊的实用价值恐怕更在考虑之外了。"山气日夕佳，飞鸟相与还"两句，写他凝视着傍晚的山色和归林的鸟影而引起的沉思，暗示他自己找到人生归宿以后的欣慰、静穆的思想境界。这种境界中所暗示的情趣与哲理，是很难用我们的语言说清楚的，所以诗的结尾只好说："此中有真意，欲辨已忘言。"

"真意"，是来自老庄哲学的概念，《庄子·渔父》说："真者，所以受于天也，自然不可易也。故圣人法天贵真。"简而言之，"真意"，就是他天真淳朴的个性情趣。他当年之所以弃官归田，正是因为上层的社会是危害他的个性和自由的"樊笼"，他才想在躬耕劳苦、接近自然的生活里，求得身心的自由和个性的发展。现在，他归田已经十二年，经过贫困劳苦生活的磨炼，经过利禄诱惑的考验，他对自己所选择的生活道路，有了更坚定的信念。正因如此他才能在采菊看山之际，景与意会，兴致悠然。

---

① 《九日闲居》有"菊解制颓龄"，意为可以泡菊花酒。

虽然近之东篱，远之南山，都不在人境之外，但他内心里却自然有超脱尘俗的境界。

陶诗的艺术成就极高，但他的诗的美，完全是融合在艺术整体之中，很难用摘句的方法来分析。就像"采菊东篱下，悠然见南山"，就很难和开端四句分割开来，作孤立的分析。就说"南山"吧，"南山"就是庐山，陶渊明家在庐山脚下，大概也不止一次登过庐山，然而他诗集里就没有一首专写庐山景物的诗，只是在诗文里随意地点到"南山""南岭""南阜"而已。而家在浙江，很少到庐山的谢灵运，却写过一首《登庐山绝顶望诸峤诗》（可惜没有完整保存下来），从这一点，也就多少可以看出陶诗与谢诗的不同风格。不管这"南山"两字多么简短，多么模糊，没有写出任何的形象特征，但它在全诗的完整意境中仍然是很美的，比谢灵运那首诗给人的印象更深。

饮酒·其二十

羲农去我久，举世少复真。

汲汲鲁中叟，弥缝使其淳。

凤鸟虽不至，礼乐暂得新。

洙泗辍微响，漂流逮狂秦。

诗书复何罪，一朝成灰尘。

> 区区诸老翁，为事诚殷勤。
> 如何绝世下，六籍无一亲。
> 终日驰车走，不见所问津。
> 若复不快饮，空负头上巾。
> 但恨多谬误，君当恕醉人。

《饮酒》诗第二十首是陶渊明弃官归田之后十二年，即晋安帝义熙十三年（417）秋天所写的作品。他把这一组咏怀言志的诗，加一个《饮酒》的题目，是既有个性特征，又有时代色彩的。魏晋时代，统治阶级内部的矛盾斗争非常尖锐，依附于统治阶级的学者文人们身不由己地卷进了那一场场比对付外敌更为残酷的内部斗争的风浪里，不少人断送了生命。在这个人人自危的时代环境里，在一部分文人名士中就产生了一种好饮酒的风气。魏末的阮籍在酣饮逃祸这方面是出了名的。而陶渊明不仅经常饮酒，更是以饮酒为题材，大量创作饮酒诗的第一人。他的诗，可谓篇篇有酒，寄酒为迹。

陶渊明这组"寄酒为迹"的《饮酒》诗，包含着相当丰富复杂的生活内容，其中有不少名作，如第五首"结庐在人境"，第七首"秋菊有佳色"，第九首"清晨闻叩门"等，都是常见于选本的，但这最末一首，在历史、哲理的深度广度上，更值得我们深入探索。现在，先让我们逐句串讲一下，然后再探讨其中的历史和哲理。

"羲农去我久，举世少复真。汲汲鲁中叟，弥缝使其淳。"羲农，即伏羲、神农，是传说中的"三皇"中的两位最古老的帝王，他们代表着人类文化的原始时期。伏羲，又名庖牺，开始教民渔猎畜牧，以充庖牺。神农教民用耒耜耕种，并尝辨百草以作医药。诗人说，可惜羲农时代距离我们已经很久远了，世上已经罕见那样天真的人了。只有那个一生勤劳奔走的孔子（即"鲁中叟"），还想努力把四分五裂的东周社会再弥补复原，让民风世俗再回到那个淳朴的时代。

"凤鸟虽不至，礼乐暂得新，洙泗辍微响，漂流逮狂秦。诗书复何罪？一朝成灰尘。"这是说孔子的奔走努力虽然没有达到天下大治的状态，孔子所期待的凤鸟虽然终于没有飞来，但经他的整理研究，殷周以来的诗书礼乐，总算由残缺不全而暂时恢复了。可是，自孔子在洙水、泗水之间设坛施教的事业停止以后，他的微言大义就再也听不见了。世风江河日下，以致出现了那个疯狂的秦始皇，也不知诗书犯了什么罪，一下子都被他烧成了灰尘。

"区区诸老翁，为事诚殷勤。如何绝世下，六籍无一亲。终日驰车走，不见所问津。"好在西汉初还有伏生等几个老儒生,传授六经的工作做得勤勤恳恳。可是为什么隔世(魏晋)之下,六经竟自没有人爱好和亲近?如今这些人也像孔子那样成天地在外驰车奔走,可是却没有一个人像孔子师徒们那样前来礼贤问津。陶渊明这里是以春秋末年的隐士长沮、桀溺自居,对当时士大夫驰逐权势的世风发出深沉的感叹!

"若复不快饮,空负头上巾。但恨多谬误,君当恕醉人。"结尾四句,陡然转到饮酒。意思是在这样令人绝望的世风之下,自己还能再说什么呢?如果不痛快地饮酒,岂不就辜负了自己头上这块漉酒的头巾了吗?我上面的一席话谬误之处已经太多了,希望先生就原谅我这个醉人吧!

粗知此诗的大意之后,我们再回过头来探讨一下这首诗里的历史和哲理的内容。这首诗不是玄言诗,不是用诗歌来写老庄哲学的讲义。但是诗人却是用老庄的历史和哲学观点,评论了自羲农以来的人类原始共产社会时期的历史。老庄哲学认为:原始时代是至德之世,所谓"其政闷闷,其民淳淳""鸡狗之声相闻,民至老死不相往来"就是他们政治、社会的最高理想。而儒家虽然祖述尧舜,宪章文武,但他们所最向往的却是西周隆盛时代的礼乐文化。只有《礼记·礼运》中赞美三代以前的"大同"社会,算是一个仅有的例外。陶渊明此诗向往羲农时代并不是偶然的。

他不仅在弃官以前所写的那首《劝农》诗里赞美"悠悠上古,厥初生民。傲然自足,抱朴含真",歌颂"舜既躬耕,禹亦稼穑";在归田以后,他的诗文更常常提到"东户""羲皇""重华""黄虞""三皇"等远古时代的人物,反复称道上古淳朴的民风世俗。读过他的《桃花源诗》的人对此当有深刻的印象。

但这首诗里还以深情的诗句赞美了有济世热肠的孔子,肯定了勤勤恳恳地传播六经的几位西汉时的老儒生,这和先秦道家讽刺嘲笑孔子的态度是大有出入的。陶渊明的思想究竟主要是倾向道家,还是倾向儒家,历来就存在争论。这首热情赞颂孔子的诗,就被那些主张陶渊明是儒家学者如宋代的真德秀、罗愿,清代的李光地、沈德潜、方东树等人抓住大做文章。朱自清先生在《陶诗的深度》一文里指出:"'真'与'淳'都是道家的观念,而渊明却把'复真'与'还淳'的使命加在孔子身上,此所谓孔子学说的道家化,正是当时的趋势。所以陶诗里主要思想实在还是道家。"朱先生的分析论断是很谨慎的。魏晋时代的玄学家们,一方面是宗老庄而黜"六经",另一方面又继续尊孔子为圣人,为先师。他们注意到孔子在士大夫中的崇高地位已经难以动摇,所以只好一面接受传统,一面又用老庄的思想对孔子言论和儒家某些经典重新加以解释。例如《论语·述而》："子曰：'志于道，据于德，依于仁，游于艺。'"王弼就在《论语释疑》里解释说："道者，无之称也，无不通也，无不由也，况之曰道。"①

然而，更值得注意的是，陶渊明虽然也以老庄思想重新解释孔子，但他的解释与王弼等人还是有差别的。王弼是把孔子的言论和实践玄虚化、冲淡化。陶渊明虽然也把道家说的"复真""还淳"任务放在孔子肩上，但他在孔子删述六经、恢复礼乐等一系列言论和实践中看出了一副难得的济世热肠。明人谭元春评论此诗："一片热肠，可作孔子赞。"意思似乎不错，可是他没有注意到这是一首以沮溺的口吻唱出来的孔子赞歌。陶渊明是借这首歌，鞭挞晋宋之际以放浊为通而贱守节，终日追逐权势的那个堕落的上层社会。正因为他同那些高唱老庄而行为污浊的士大夫们格格不入，所以这首诗的结尾就急转直下，把滔滔滚滚的满腔牢骚一下子截断，突然说到饮酒上面来，故意用两句自悔自责、又自我开脱的醉人醉语来作结束。

陶诗的风格，一般地说，是平淡自然，或者说，是平和静穆。但鲁迅先生早就指出，陶诗除这一面之外，还有"金刚怒目"的一面，而且明确指出："历来的伟大的作者，

---

① 宋邢昺《论语正义》引。

是没有一个'浑身是"静穆"'的。"这首诗虽然采用咏史兼谈哲理的传统手法，使深广的忧愤之情多少有所收敛，但它并不是平和静穆一类，也许可以借用朱熹的一句话——"豪放得来不觉耳！"

《咏荆轲》赏析

咏荆轲

燕丹善养士，志在报强嬴。
招集百夫良，岁暮得荆卿。
君子死知己，提剑出燕京；
素骥鸣广陌，慷慨送我行。
雄发指危冠，猛气冲长缨。
饮饯易水上，四座列群英。
渐离击悲筑，宋意唱高声。
萧萧哀风逝，淡淡寒波生。
商音更流涕，羽奏壮士惊。
心知去不归，且有后世名。
登车何时顾，飞盖入秦庭。
凌厉越万里，逶迤过千城。
图穷事自至，豪主正怔营。

> 惜哉剑术疏,奇功遂不成。
> 其人虽已没,千载有余情。

"燕赵古称多感慨悲歌之士。"荆轲就是一个活跃在燕赵平原上很著名的英雄人物。

"风萧萧兮易水寒,壮士一去兮不复还!"至今,我们读着《史记·刺客列传》里的荆轲故事,还感到虎虎有生气。在诗歌领域里,"建安七子"的阮瑀,西晋诗人左思,也早已把荆轲的英雄气概写进了他们的《咏史》诗里。

陶渊明虽然出生于江南的柴桑,但从少年时代读《史记》,就向往着荆轲和他活动的燕赵大地,他的《拟古》诗说:

> 少时壮且厉,抚剑独行游。
> 谁言行游近,张掖至幽州。
> 饥食首阳薇,渴饮易水流。

本来在陶渊明生活的东晋中后期,幽州、易水以及广大西北、华北、中原地区,已成五胡十六国所占据的地方,诗人对这些地方已经可望而不可即。但是,对一个充满浪漫豪情的青年诗人来说,越是不能去的地方,他就越想去,那里，是荆轲、高渐离等英雄人物感慨悲歌的地方啊！

少年时代对荆轲如此倾慕、向往的陶渊明，在经历大半生的忧患贫困，看过无数的历史风云之后，到老年，又把荆轲写进咏史诗里，应该说是不难理解的。

陶渊明在《咏荆轲》之外，还写了《咏二疏》《咏三良》两首咏史之作。过去研究陶诗的学者如明代的黄文焕、清代的陶澍等都认为三诗是同时之作，而且与晋宋易代、刘裕篡弑有密切关系。当代的陶诗学者王瑶先生也说："三诗中二疏取其见机归隐，三良取其与君主同死，荆轲取其为主复仇的侠义精神，而尤钟情于荆轲。三诗诗体既皆相同，内容又互相阐发，当为一时之作。其中《咏三良》一首当为悼张祎不忍向零陵王进毒酒，而自饮身死一事。因知这三诗都作于永初二年（421）以后。"这些推论，是持之有故、言之成理的。但咏史与写现实究竟是有距离的，何况咏二疏、咏三良、咏荆轲都已有建安诗人王粲、曹植、阮瑀的作品为先例。我们也可以说，咏荆轲中所仇恨的秦始皇，虽然有隐指刘裕的倾向，但也未必专指刘裕一人。

陶渊明这首《咏荆轲》的内容，完全取材于史传，但对史传丰富的人物、事件又作了集中概括，提炼加工。

此诗开头四句，单刀直入。鲜明有力地指出燕太子丹"志在报强嬴"的决心以及他赤诚养士而"岁暮得荆卿"的结果。

"君子死知己，提剑出燕京"以下二十句集中渲染荆轲在易水饯别时慷慨悲歌的动人情景。素骥长鸣，怒发冲冠，写他接受刺秦使命提剑出京的气概，非同寻常。渐离击筑，宋意高歌，烘托了饯别宴会上的悲壮气氛。萧萧哀风，淡淡寒波，就是写"风萧萧兮易水寒"两句壮别歌词，情调由沉郁而高昂。"商音""羽奏"两句是对壮歌的和声伴奏。一层接一层，把饯别的情景气氛写到最悲壮最浓烈的程度以后，才用"心知去不归"四句，写荆轲义无反顾的英风豪气。

"图穷事自至，豪主正怔营。"以极简练浓缩的两句诗，写刺客和暴君在秦廷相见的伟大历史镜头，横扫六合的秦始皇在荆轲面前惊慌失措了，战栗了。所谓"十步之内，王之命悬于遂手"。眼看就要血染匕首了——叙事就在这最惊心动魄的高潮时刻，戛然而止了。这两句诗，像一个永恒不朽的雕塑，把千钧一发的历史场面，雕刻在读者心上了。大家都记得史传写荆轲刺秦时那进攻、惊惶、紧张、忙乱、瞬息万变、头绪纷繁、令人眼花缭乱的场面，用了一大段文字。到陶渊明笔下，却只用充满激情的雕塑性的两句诗就把荆轲的英雄形象树立起来了。

"惜哉剑术疏，奇功遂不成。"这是诗人对荆轲失败结局的惊叹和惋惜。这两句诗既代替了对荆轲结局的正面叙述，又表达了所有同情荆轲、憎恨秦皇的人对荆轲功败垂成的无限遗憾心情。史传记载，当时确实有人发过这样类似的惊叹和惋惜的言论。"鲁勾践闻荆轲之刺秦王曰：'嗟乎，惜哉其不讲于刺剑之术也！'"这惊叹、惋惜、遗憾的话里是包含着丰富的潜台词的。这里，我们不妨引一段张岱《西湖梦寻·施公庙》里的小故事：

> 施公庙在石乌龟巷，其神为施全，宋殿前小校也。绍兴二十年（1150）二月朔，秦桧入朝，乘肩舆过望仙桥，全挟长刀遮道刺之，透革不中，桧斩之于市，观者如堵墙，中有一人大言曰："此不了汉，不斩何为！"

这个在刑场上骂刺杀秦桧失败的施全为"不了汉"的人，虽然粗鲁、简单，骂得难听，但他的话和鲁勾践的话，与陶渊明"惜哉剑术疏，奇功遂不成"，完全都是恨铁不成钢的口吻。朱熹有一段很著名的话："陶渊明诗人皆说是平淡。据某看，他自豪放，但豪放得来不觉耳。其露出本相者是《咏荆轲》一篇，平淡的人如何说得这样言语出来！"朱熹所谓"露出本相"，就是指陶渊明说出和荆轲同一立场的语言。"奇功遂不成"，用粗俗直率的话说就是：千载

难逢的一台好戏,被他唱砸了!清代朱彝尊有一首《水龙吟·谒张子房祠》说:

当年博浪金椎,惜乎不中秦皇帝!

正是用和陶诗"惜哉"两句相似的口吻,非常痛快淋漓。
"其人虽已没,千载有余情。"这是接着惊叹、惋惜、遗憾的话又下一转语,做全诗的尾声,"其人虽已没",也就是"奇功遂不成,其人虽已没",但他千载之下依然是壮士,是英雄,令人同情,令人尊敬,我们不能以成败论英雄啊!正如司马迁所说:"自曹沫至荆轲五人,此其义或成或不成,然其立意较然,不欺其志,名垂后世,岂妄也哉!""立意较然",就是他的志向光明磊落,行动也令人佩服,并非盗名欺世的骗子。如果依照前引的某些粗鲁简单的说法,只有成功才算英雄,那么以后谁还为正义事业自我牺牲、英勇献身呢?如果有了百分之百的成功把握才去当刺客,没有任何甘冒风险、不怕牺牲的精神,那么荆轲不过是一个投机客而已,不值半分钱了。

《游斜川》赏析

游斜川并序

辛酉正月五日,天气澄和,风物闲美,与二三邻曲,同游斜川。临长流,望曾城,鲂鲤跃鳞于将夕,水鸥乘和以翻飞。彼南阜者,名实旧矣,不复乃为嗟叹。若夫曾城,傍无依接,独秀中皋。遥想灵山,有爱嘉名。欣对不足,共尔赋诗。悲日月之遂往,悼吾年之不留。各疏年纪乡里,以记其时日。

开岁倏五日,吾生行归休。

念之动中怀,及辰为兹游。

气和天惟澄,班坐依远流。

弱湍驰文鲂,闲谷矫鸣鸥。

迥泽散游目,缅然睇曾丘。

虽微九重秀,顾瞻无匹俦。

提壶接宾侣,引满更献酬。

未知从今去,当复如此不。

中觞纵遥情,忘彼千载忧。

且极今朝乐,明日非所求。

在陶渊明的一百二十几首诗中,大概只有这首《游斜川》属于游览山水一类的作品。当然，陶渊明在辞彭泽令归隐田园以前，也曾经几度离家远游。往西，他曾到江陵，在荆州刺史桓玄手下做过事；往东，他曾到丹阳、建业，在镇军将军刘裕幕中任过参军。但这都是在外做小官，谋生糊口，通常称为"宦游"，与我们今天所说的"旅游"，显然大异其趣。

这首诗中的斜川，注家有两种不同的说法。有的说在江西庐山东南星子县的落星寺一带，有的说在庐山北面，鄱阳湖边的江南岭附近。但两种说法都只是推测，并没有确切的文献记载的根据。陶渊明和我们相距一千几百年，山川形胜已非旧时面目，已很难确认其地址。我们只能说，斜川距陶渊明的家不会很远，所以诗人才能和邻居们从容不迫地载酒春游。

这首诗写作的年代，因诗序"辛酉"二字，有的版本作"辛丑"，向来也有争论。但从"吾生行归休"的语气看，这显然是诗人晚年之作，所以我暂定为辛酉年，即南朝宋武帝永初二年（421），这一年渊明五十七岁。这正是晋宋易代的时候，也是他生活比较贫困艰苦的时候。当然，这里所说的贫困不能作绝对的理解，当农田收成较好的时候，他也还能过"欢然酌春酒，摘我园中蔬"的清淡自得的生活，所以他邀请三两个邻居朋友作斜川之游，也并不出人意料。

诗的开头四句，写他出游的日期，出游的动机。新的一年开始了，对老诗人来说，他只觉得归休辞世的日期日益迫近，来日无多了。忽然想起应该约几个邻居朋友出外畅游一次。他选定的日期在正月五日，在江南，这正是早春季节。"气和天惟澄，班坐依远流。弱湍驰文鲂，闲谷矫鸣鸥。"这是一个难得的好晴天。从山谷中流出的斜川，经过他们身旁，流向远方。他们依次地沿岸坐下，水势减弱的湍流中急驰着带花纹的鲂鱼，闲静的山谷里高飞着不住呼叫的白鸥。"迥泽散游目，缅然睇曾丘。虽微九重秀，顾瞻无匹俦。"当他随意纵目远望湖水时，惊异地注视着挺拔独秀的曾城山壁立在湖边。它虽不像传说中的昆仑仙山的那座曾城山有九重之高，但它的姿态已算是无可比拟的了。

末尾八句，写他们兴高采烈的野餐，宾主引满献酬，诗人乐而忘忧的情景。但诗人也同时产生盛会不常、畅游难再的感叹。

也许，有的人会抓住诗中几句感叹的话，指摘此诗是颓废思想，这实在有些冤枉。写欢乐和高兴的诗歌中，流露两句乐往悲来的余音，这本是诗中常见的。《今日良宴会》、曹植《箜篌引》、陶渊明《诸人共游周家墓柏下》等诗都是极好的旁证。至于慨叹人生无常，年寿有限，更是古今中外诗人、哲人都共有的心情,愿辅佐楚怀王"乘骐骥以驰骋"的屈原,也感到日月不淹,春秋代序,草木零落,美人迟暮。高唱"老骥伏枥,志在千里"的曹操,也同样在唱"对酒当歌,人生几何!"现在让我们再来重读一下这首《游斜川》吧,诗人一则曰:"未知从今去,当复如此不?"再则曰:"中觞纵遥情,忘彼千载忧。"三则曰"且极今朝乐,明日非所求。"都是快意当前的满怀兴致。陶渊明虽然是一位不忘现实、心怀忧愤的诗人,但他有时也难免寻求一些令他胸怀舒畅的愉快欢乐,平衡一下精神上沉重的负担。不知读者以为如何?

附录二 对陶渊明田园诗的一些理解

陶渊明生活的时代，主要是东晋后期。在他十九岁那一年，东晋王朝在淝水之战中取得了胜利，偏安的小朝廷又争得了一段外患比较稷和的局面。随着外部矛盾的缓和，本来就潜伏着的内部矛盾又逐渐尖锐化了。一系列的统治阶级内部互相厮杀的战争，充斥着陶渊明生活的时代，而且他的家乡，他出仕的职务，都和这些战争紧紧相连，他不能不被卷进这些事件之中。

我们现在的读者们，常用读近代文学作品的眼光来读古诗，翻开《陶渊明诗集》，却嗅不出丝毫的血腥气味。嗅不出也就罢了，可是昭明太子萧统序陶诗又偏偏说他的诗"语时事则指而可想"，怎么"想"呢？

陶渊明的出仕在四十一岁归田以前，他的诗篇却大部分写于归田以后。他的名作《归园田居》正是四十一二岁时候写的。这五首诗标志着他出仕生活的结束、长期归田生活的开始。我们只录其中的第一首：

少无适俗韵,性本爱丘山。
误落尘网中,一去三十年。
羁鸟恋旧林,池鱼思故渊。
开荒南野际,守拙归园田。
方宅十余亩,草屋八九间。
榆柳荫后檐,桃李罗堂前。
暧暧远人村,依依墟里烟。
狗吠深巷中,鸡鸣桑树颠。
户庭无尘杂,虚室有余闲。
久在樊笼里,复得返自然。

我们且结合陶渊明归田以前的生活来谈对这首诗的理解。

陶渊明是在乡村里长大的,所谓"性本爱丘山",正是因为他自幼的生活就接近丘山。但是,他并非在少年时代就甘心终老田园的,他曾经怀抱"大济于苍生"的理想、"抚剑独行游"的壮志,他壮年时代的出仕,显然是和这种理想壮志有关系的。二十九岁那年,他一度出任江州祭酒,三十六七岁的时候,又在荆州刺史桓玄部下做事。可以想见这两次出仕中,他已经看过了许多仕途的黑暗和污浊。这种时仕时隐的经历中,是包含着理想和壮志屡次碰壁的痛苦的。从《癸卯岁始春怀古田舍二首》中，我们知道他三十九岁那年已经开始从事躬耕，那一次躬耕，他曾经体验"平畴交远风，良苗亦怀新。虽未量岁功，即事多所欣"的愉快，而且也在心里埋下了一个"长为陇亩民"的愿望。躬耕以后，他又再度出仕了，他做了刘裕、刘敬宜的参军，奔波了很多地方，后来又做了八十多天的彭泽令。也正是在这两年中，桓玄称帝，把晋安帝迁逐到陶渊明的家乡浔阳，之后刘裕又联合各方力量驱逐了桓玄，桓玄兵败被杀。这场战争波及扬州、江州、荆州，陶渊明家乡的位置和他两年中所任的事都和这些黑暗、阴谋和残杀的战争事件紧紧地联系在一起，他想要闭着眼睛不看也不可能。他在《感士不遇赋》里说的"密网裁而鱼骇，宏罗制而鸟惊。彼达人之善觉，乃逃禄而归耕"，正是用最隐微含蓄的语言反映出他两年中所目击，所痛恨，唯恐避之不速的黑暗现实。联系到这个背景，我们也就懂得这首《归园田居》中所说的"尘网""樊笼"，绝不只是意味着仕途的庸俗和污浊，还意味着更可怕的黑暗阴谋和残酷屠杀对他的威胁。如果我们再联想一下和陶渊明时代相去不远的阮籍所写的《咏怀诗》，想想阮籍要把诗写得如此"难以情测"的背景，我们也就懂得他所以要用这样隐微宛曲的词句来表现如此严重的社会现实，是有一番和阮籍相同的苦心的。如果我们轻易地忽略了这些词句,我们又怎么能嗅出这字里行间的血腥气味呢?

这首诗里所写的田园景物,呈现着一片和平与宁静,这当然不可能是浔阳农村的本来面目,尤其不可能是经历过战争波动以后的浔阳农村的本来面目。从"久在樊笼里,复得返自然"的诗人方面来说,我们不能不承认这是他当时内心的真切感受。作为一个诗人,他在这里已经生活了半辈子,故乡的远远近近的景物,他都太熟悉了。两年以来,他在外面奔波,当许多痛苦折磨着他的时候,他曾经在《始作镇军参军经曲阿作》中写过:

目倦川途异,心念山泽居。

他又在《乙巳岁三月为建威参军使都经钱溪》中写过:

园田日梦想,安得久离析。

两年以前埋在心灵深处的"聊为陇亩民"的愿望复活了,"归去来兮,田园将芜胡不归?"——现在,他像一只获得自由的鸟儿从黑暗可怕的政治牢笼里飞回来了,日夜萦回梦想着的山岗、田野、村落、炊烟又出现在他面前了,他不仅是重新面对这一片熟悉的田野,他也是重新开始一个新的人生。正是在这种思想感情的支配下,他眼前的田野就蒙上了一层优美、宁静、朦胧的幻想的色彩。这种丰富而又新鲜的色彩充分地表现出了诗人"久在樊笼里,复得返自然"的喜悦舒畅的心情。

因此,这首诗的现实意义不应该单纯地从它是否反映农村的阶级矛盾的角度去估计,而应该从诗人和当时黑暗险恶的上层社会的矛盾方面来估计,这首诗和《归去来兮辞·并序》都是他和上层社会分手告别的宣言。

陶渊明晚年写的《桃花源诗并记》,是他的田园诗的一个新的发展。这篇作品受到过去和现代的许多读者的重视,并不是偶然的。

桃花源的社会,简单地说,就是在封建自然经济社会生活条件下产生出来的一个乌托邦社会。这个社会里有免于剥削的个体自由劳动:

相命肆农耕,日入从所憩。
桑竹垂余荫,菽稷随时艺。
春蚕收长丝,秋熟靡王税。

这里的人民过着纯朴而幸福的生活:

> 童孺纵行歌，班白欢游诣。

这里的人对一个素不相识的外来客人是：

> 便要还家，设酒杀鸡作食。

这里还保持着祖宗传下来的几百年的古老风习：

> 俎豆犹古法，衣裳无新制。
> ……
> 怡然有余乐，于何劳智慧？

诗人还用这样两句话"问今是何世？乃不知有汉，无论魏晋。"非常简练生动地概括了桃花源人民单纯的生活背景和淳朴的精神世界。

很显然，桃花源社会最主要的特点，就是人人劳动，自耕自食。没有剥削，没有压迫。北宋时代热心于抑制兼并的政治改革家王安石的《桃源行》诗就鲜明地指出桃花源社会"虽有父子无君臣"。

陶渊明从写《归园田居》到写《桃花源诗并记》，经历了一段艰苦的生活历程。饥寒贫困考验着他，他内心里不断进行着"贫富常交战"的思想斗争,每一次斗争都得到"道胜无戚颜"的结果。他内心里又安慰,又戒惧——"衣沾不足惜,但使愿无违""不言春作苦,常恐负所怀"。这个使他又感到安慰,又感到戒惧的愿望、怀抱是什么呢?"四体诚乃疲,庶无异患干"的洁身免祸的思想当然是他所珍重的愿望,但是这种思想并不是他愿望的全部。"人生归有道,衣食固其端。熟是都不营,而以求自安?"应该是他愿望的另一重要方面。尽管他是相信"忧道不忧贫"的人,他对生活的需求不高,"岂期过满腹,但愿饱粳粮。御冬足大布,粗缔以应阳。"但是当他努力耕种也无法维持这最低限度的生活的时候,他也不能不考虑为什么现实社会里会有饥寒贫困以及如何解决饥寒贫困的问题。在他归田后的第四年,他所住的"草屋八九间"被火烧光了。他在《戊申六月中遇火》这首诗里就产生过这样的念头:

> 仰想东户时,余粮宿中田。
> 鼓腹无所思,朝起暮归眠。
> 既已不遇兹,且遂灌我园。

在生活很艰难困苦的时候,一个远古社会的影子在他脑子里浮现出来。这也许就是桃花源社会的最初的种子。在

这以后,他的生活是每况愈下,我们终于读到这位"乐天知命"的诗人发出了像屈原、司马迁那样悲愤不平的声音:

> 天道幽且远,鬼神茫昧然。
> 结发念善事,僶俛六九年。
> 弱冠逢世阻,始室丧其偏。
> 炎火屡焚如,螟蜮恣中田。
> 风雨纵横至,收敛不盈廛。
> 夏日长抱饥,寒夜无被眠。
> 造夕思鸡鸣,及晨愿乌迁。
> 在己何怨天,离忧悽目前。
> 吁嗟身后名,于我若浮烟。
> 慷慨独悲歌,钟期信为贤。

他沉痛悲愤地回忆了自己立志行善、艰苦自励的五十四年生活,回忆了这五十四年中的种种悲惨的遭遇。他对天道产生了深刻的怀疑。从"乐天安命"走向怀疑和否定天命,这不能不说是一次思想上的剧烈变化。这个变化也必然促使他桃花源式的乌托邦思想迅速成熟起来。

除了他个人生活经历和思想变化的内在因素以外,桃花源理想也还有更广阔的社会现实的基础。《晋书·刘毅传》记载刘毅在义熙七年（411）做江州刺史时会上表陈述过江州人民的生活情况：

> （江州）自桓玄以来，驱蹙残败。至乃男不被养，女无匹对。逃亡去就，不避幽深。自非财殚力竭，无以至此。若不曲心矜理，有所厘改，则靡遗之叹，奄焉必及。

这里所说的一切情况，是当时居住在江州浔阳的陶渊明必然会亲眼看到的。这里所辞的"逃亡去就，不避幽深"，正是"记"里"自云先世避秦时乱，率妻子邑人来此绝境，不复出焉"的故事情节的现实基础。这里说的"财殚力竭"，正是赋税、徭役、战乱造成的灾害，这显然又和"秋熟靡王税"的幻想有着内在的联系。陶渊明把这个悲惨的现实生活提炼升华为美好幻想的托古寓言，显然是很切合情理的。有的学者认为《桃花源诗并记》的纪实部分乃依义熙十三年刘裕率师入关时戴延之等所闻见之材料而作成，"真实之桃花源在北方之弘农或上洛，而不在南方之武陵"。推测未免有些牵强附会，舍近求远。

陶渊明的《桃花源诗并记》受过老庄"小国寡民"思

想的影响是可以承认的。"怡然有余乐,于何劳智慧"就是很明显的证据。但是,桃花源社会绝不是"小国寡民"社会的翻版,我们在老庄书中几乎看不出躬耕自食、反对剥削的内容。老庄书里"鸡犬之音相闻,民至老死不相往来",完全是一片死寂停滞的景象,而陶渊明的"阡陌交通,鸡犬相闻,其中往来种作",却洋溢着愉快活泼的劳动生活气氛。

如果要追湖陶渊明桃花源社会理想的政治哲学渊源,最好是看看阮籍和鲍敬言的言论。阮籍《大人先生传》说:"盖无君而庶物定,无臣而万事理","君立而虐兴,臣设而贼生"。西晋时的鲍敬言进一步发展了这一理论。西晋葛洪的《抱朴子外篇》引证了他的"无君论"的观点:

> 曩古之世,无君无臣。穿井而饮,耕田而食,日出而作,日入而息。泛然不系,恢尔自得。不竞不营,无荣无辱。山无蹊径,泽无舟梁。川谷不通,则不相并兼;士众不聚,则不相攻伐。……势利不萌,祸乱不作,干戈不用,城池不设。万物玄同,相忘于道。……含哺而熙,鼓腹而游。其言不华,其行不饰。安得聚敛以民财?安得严刑以为坑阱?

接着他对照着这一段话,揭发了阶级社会的一系列的罪恶，提出回到无君之世的政治主张，让人民过"身无在公之役，家无输调之费，安土乐业，顺天分地，内足衣食之用，外无势利之争"的生活。这个主张，消极的一面是希望免除封建宗法社会中农民所负担的劳役和租税，积极的一面是希望"顺天分地"，按照自然的需要来自由地利用土地。这种乌托邦式的主张反映了封建宗法社会的小私有农民反对封建剥削压迫的要求，这是一种"弱者的抗议"。很显然，阮籍、鲍敬言的观点是很接近《桃花源诗》的。

除了上面对《桃花源诗》的现实基础和思想渊源的探索而外，我们还应该指出《桃花源诗并记》的情景细节描写，和他的田园诗也是息息相通的。例如这一段文字：

土地平旷，屋舍俨然，有良田美池桑竹之属，阡陌交通，鸡犬相闻。

我们只要闭着眼稍加想象，宛然就是：

方宅十余亩，草屋八九间。
榆柳荫后檐，桃李罗堂前。
暧暧远人村，依依墟里烟。
狗吠深巷中，鸡鸣桑树颠。

景物完全相同，仅仅是从两个不同角度来摄取不同的画面罢了。甚至"便要还家，设酒杀鸡作食"这样的细节，也很像"漉我新熟酒，只鸡招近局"。总之，《桃花源诗并记》的景物气氛，完全是他田园诗中所写的江南农村的景物气氛。根本牵扯不到北方的弘农或上洛的山区里。

有的同志指出，桃花源的社会理想并没有触犯着私有制，因此它反对剥削并不彻底。这是十分正确的。上面我们已经指出这种乌托邦社会是在封建宗法制的自然经济的基础上产生的，这种不彻底性，正是被这种社会经济条件所决定的。

《桃花源诗并记》中那种免于剥削的幻想和我们今天的消灭剥削的理想之间，有着十万八千里的距离。两种本质不同的思想，产生于两个完全不同的时代：一个曲折地反映了封建自然经济时代农民不满意封建剥削的情节和要求，一个却指示了工人阶级推翻旧世界的目标和道路；一个是感情上倾向过去，一个是理智地面对未来；一个是原始社会回光的幻影，一个是共产主义未来的蓝图。

从以上两首诗的分析中，我们可以得出这样初步的结论：不愿意和黑暗的上层社会同流合污，愿意归田躬耕，求得洁身免祸的自由，是陶渊明《归园田居》第一首的主导思想，这种思想丝毫没有超越一个封建社会士大夫的思想局限。而他在晚年所写的《桃花源诗》，虽然也存在着明显的封建时期的历史局限和阶级局限，却曲折地反映了宗法制农民对封建剥削制度的软弱抗议。两首诗里都有较为明显的阶级烙印和时代烙印。

近年以来，有些人曾经把某些阶级性和倾向性表现不大明显的山水田园题材的作品称为"中间作品"，后来这种说法受到了批评。就我所看到的一些论文中，似乎还没有人把陶渊明的《归园田居》等诗称为"中间作品"的。这大概是因为学术界刚刚讨论过陶渊明，在讨论中对立的意见最初发生了激烈的争论，后来多数同志却都同意陶渊明的诗是有一定的进步倾向的缘故。但是，从中国文学史长期发展的事实来看，陶渊明究竟是开辟田园诗这个新园地的作家。后来写田园诗的作家，几乎毫无例外地自附于陶渊明这一派。而我们所谈的这两首诗，又正是陶渊明田园诗的代表作。既然这两首诗有着如此明显的阶级、时代的烙印，我们也就可以更理直气壮地说，"中间作品"这个概念是不应该存在的。

不过，问题并不如此简单。指出陶诗的阶级和时代的烙印并不能回答全部的问题。因为回答这个问题的困难不在于了解陶渊明的田园诗和社会发展的某些形态的互相关联，而是在于了解陶渊明的田园诗为什么还能够继续供给我们以美感的享受。

为什么陶渊明贫困枯槁的一生留下的一部薄薄的诗文集竟在后代逐渐形成如此广泛和深远的影响呢？

陶渊明的诗，并非全部都是田园诗，但又不能不承认田园诗是他诗歌的主要内容之一。我们还可以补充说，陶渊明的诗之所以不同于阮籍、左思、鲍照等人的诗，正是因为他在田园诗方面取得了更为独特的成就。

思想比较高远，生活阅历比较深入，艺术概括力又很强，这就使他那一册薄薄的诗文集具有又朴素、又丰富、又统一、又矛盾的特色，使思想、性格、趣味各不相同的人都喜欢它。我们不必在这里罗列后代作家、评论家对他的诗所作的形形色色、互相对立的评论，我们先借用沈德潜《说诗晬语》的一段话：

> 陶特胸次浩然，其中有一段渊深朴茂不可到处。唐人祖述者，王右丞有其清腴，孟山人有其闲远，储太祝有其朴实，韦左司有其冲和，柳仪曹有其峻洁，皆学焉而得其性之所近。

这段话虽然有些抽象，大体上指明了陶诗完整统一的朴素风格中蕴积着的丰富多彩，好像晴日下的一片日光经过三棱镜的折射分析出的无数色调。其实沈德潜这里所举唐代诗人都是比较倾向于陶诗中闲适淡远一面的。如果我们估计到李白、高适、陆游、辛弃疾以至龚自珍、黄遵宪等以豪放慷慨风格著名的诗人也同样爱读陶诗，我们就更可以肯定陶诗的这种又统一、又矛盾的丰富多彩的特色，是陶诗所以能够产生广泛深远影响的主要原因。

对于陶诗的这种又统一、又矛盾的丰富特色以及由这种特色产生的广泛深远的影响，我们都应该作具体分析，决不能笼统肯定。

陶渊明思想的发展，是有着内在矛盾的。当他经过几度出仕和归隐的反复过程，眼看"大济于苍生"的理想不能实现以后，他的思想面临着一个矛盾：他是像当时一般名士那样在标榜"通达"的名义下和统治阶级同流合污呢？还是归田躬耕，在艰苦自励中求得洁身远隔呢？当他归田以后，在贫困生活压迫下，这种矛盾也还在继续，所谓"贫富常交战，道胜无戚颜"，正是指的这种矛盾。在这一重矛盾上，陶渊明的思想斗争是经常自觉进行的。在长期封建社会里，隐逸之士都不乏其人，陶渊明虽然被称为"隐逸诗人之宗"，但他并不是一个啸傲山林、优游岁月的闲居隐士。他"结庐在人境"，亲自参加一定的劳动，"代耕本非望，所业在田桑""衣食终须纪，力耕不吾欺"，这种很朴素的真理，在魏晋诗歌里，却是空谷的足音。他用自己的实践和诗歌向后代的正直的士大夫们显示了一条生活的道路——在黑暗污浊的社会里依靠自己的劳动,躬耕自食,艰苦自励,不和统治者同流合污的生活道路。

在"贫富常交战"的思想矛盾获得解决后,他的思想矛盾并没有结束。他是继续坚持"大济于苍生"的理想,对黑暗现实继续抱不调和的态度呢?还是"淡然忘世",对黑暗的现实消极逃避,不闻不问,以致放弃"大济于苍生"的理想呢?后面这条路,是他归隐以后很容易走的一条阻力很小的道路。当时流行的老庄思想为这种人生观作过多少美丽动听的宣传,使走这条路的人感到心安理得,泰然自若。在这一重思想矛盾面前,陶渊明的态度就不像对待前一重矛盾那么自觉了。"啸傲东轩下,聊复得此生""吾生梦幻间,何事绁尘羁"等类的诗句,证明他的确是经常滑到这条阻力最小的路上去的。但是,他究竟还有不少的诗篇(如大家熟知的《咏荆轲》《读〈山海经〉》等作品)证明他并没有忘怀现实。所以鲁迅先生说:"陶潜正因为并非浑身是静穆,所以他伟大。"

能不能实现"大济于苍生"的理想,决定于诗人所处的时代条件,这是诗人主观所无能为力的。而能不能坚持理想,却主要决定于他自己的意志是否坚定。很显然,先进理想的有无和强弱,是决定他诗歌思想价值的主要因素。

屈原、杜甫之所以伟大，正是因为他们在政治上遭受打击和排挤的时候，先进理想越来越迸发出强烈的灿烂的火花。陶渊明在这一点上虽然没有屈原、杜甫那么鲜明突出，但在基本精神和基本倾向上，还是和屈原、杜甫先后相通的。正是因为"相通"，所以辛弃疾说他"酷似卧龙诸葛"，龚自珍说他的诗是"二分梁甫一分骚"。

陶渊明的田园诗，既缺乏《咏荆轲》等诗中那种"豪放"的思想感情，又不大看得见农村生活的社会矛盾，后代文人对陶诗闲适平淡的评价很大程度是来自他的田园诗。那么，我们对他的田园诗究竟应该作什么样的估计呢？

我们应该承认他的田园诗很少接触到封建社会的阶级矛盾，这的确是一个重要的缺点，是他用士大夫的眼光来观察农村的结果。我们前面分析《归园田居》时也说过，对这些诗的现实意义不应该单纯从它是否反映农村的阶级矛盾的角度去估计，而应该更多地从诗人和当时上层社会的矛盾方面来估计。对于陶渊明说来，躬耕生活除了解决他部分的生活资料问题以外，更重要的是通过躬耕可以使他更深刻地认识生活的艰难，更进一步地砥砺、锻炼他的思想和品格，增强他抗拒浊世的道德和理想的力量。他的田园诗中的那种闲适平淡的风格、情调，固然和他归田后经常流露的"淡然忘世"的消极思想有关，和他封建士大夫的阶级局限有关，但是，这种情调也并不是完全脱离现实的。"桑麻日已长，我土日已广，常恐霜霰至，零落同草莽"，有一定的躬耕劳作的体验。"平畴交远风，良苗亦怀新，虽未最岁功，即事多所欣"，写出他看到劳动的初步成果时那种迫不及待的喜悦。"漉我新熟酒""摘我园中蔬"，也包含有直接享受自己的劳动成果的愉快。再加上他诗里常常流露的对简陋寒俭生活感到乐天知足的情绪，他和农民间的亲切单纯的交往等，可以说他诗中的闲适平淡的情调在一定程度上反映了自给自足的古老农村的物质和精神生活的面貌。

　　陶渊明一生是贫困枯槁的。而他的诗却赢得后代越来越多的文人的赞美。但是这些赞美之词中，观点倾向却是彼此对立的。王维是学陶诗的著名诗人，可是他只羡慕陶诗中的那种闲适和安逸，对陶渊明本人，他并不理解，甚至还责备他不应该解印去官，去过"叩门拙言辞"的"屡乞而多惭"的贫困生活。这和高适不愿做逢迎长官、鞭挞黎庶的县尉而"转忆陶潜归去来"，完全是互相对立的。大约说来，从唐代到北宋时代，人们基本上是从隐逸生活的闲适平淡上看他的诗。南宋以后，人们逐渐看到他胸怀大志，"欲有为而不能"的豪放，但是，人们接着又把这种"豪放"的意念缩小成为"忠愤"的论调，在他诗中到处去找痛心晋宋易代的痕迹。可以看得出来，封建时期讨论陶诗的意见中，尽管有一些观点对我们有启发作用和参考价值，但多数意见都有不同程度的片面性，有很多论点更完全歪曲了陶渊明。

此前学术界展开对陶渊明的讨论，可以说对陶渊明在历史上的地位，取得了大体一致的认识，只是对陶诗在今天的意义，却还没有来得及深入展开讨论。

我们可不可以这样说：陶渊明诗中那种借归隐躬耕来对抗当时黑暗现实的思想，在今天只能具有认识历史的价值了。他诗中所反映的古代农村的生活面貌，更是和我们今天日新月异地跃进变化着的社会主义农村的生活毫无共同之处了。早在1848年，马克思、恩格斯在《共产党宣言》里就批判了那种站在维护中世纪宗法制农村制度的立场来反对资本主义社会的观点，认为那是彻头彻尾的反动观点。今天如果还有人梦想脱离我们的社会现实，在陶渊明的田园诗中找自己精神上的寄托，那更毫无疑问地是一种反动刮朽的思想了。但是，陶渊明的诗，仍然是值得我们十分珍惜的一笔文学遗产。我们学习陶渊明的诗，不仅有助于了解历史，更好地"尊重历史辩证法的发展"，而且也可以帮助我们认识今天的伟大现实。

附录三

说陶二题

好读书，不求甚解；每有会意，便欣然忘食。(《五柳先生传》)

以上两句话，大约从念初中时就背熟了。我此生，在这两句话引导下读了不少的书，陶渊明的全集，也差不多是在这两句话引导下读完的。

诗与人为一

龚自珍的《己亥杂诗》中有《舟中读陶诗三首》是许多人都读过的。我也读过不止一两遍。最近联想到龚自珍另一篇论诗的文章，我又回头再读这三首诗：

陶潜诗喜说荆轲，想见停云发浩歌。
吟到恩仇心事涌，江湖侠骨恐无多。

陶潜酷似卧龙豪，万古浔阳松菊高。

莫信诗人竟平淡，二分梁甫一分骚。

陶潜磊落性情温，冥报因他一饭恩。
颇觉少陵诗吻薄，但言朝叩富儿门。

这三首诗，第一首说陶诗中有近似荆轲的江湖豪侠气概；第二首说陶诗在平淡中有卧龙似的政治豪情；第三首说陶诗中有不同于少陵的磊落温厚的性情。这显然是有意识地描述陶诗不同凡响的三个重要方面。在写这三个方面的时候，他心中显然是有一个完整的陶渊明形象的，也可说他同时并写三个方面，正是要描绘形容一个完整的陶渊明的形象；为了使这个形象更生动完整，所以三首用三个不同的历史人物来作比较、作形容。他从三个方面说明一个人，也让我们想起他在《最录李白集》中说：

庄、屈实二，不可以并，并之以为心，自白始；儒、仙、侠实三，不可以合，合之以为气，又自白始也。其斯以为白之真原也已。

到此，我们又联想到鲁迅论陶也用了近似龚氏的二分法或三分法：

又如被选家录取了《归去来兮辞》和《桃花源记》，被论客赞赏着"采菊东篱下，悠然见南山"的陶潜先生，在人们的心目中，实在飘逸得太久了，但在全集里，他却有时很摩登。"愿在丝而为履，附素足以周旋，悲行止之有节，空委弃于床前。"竟想摇身一变，化为"阿呀呀，我的爱人呀"的鞋子，虽然后来自说因为"止于礼义"，未能进攻到底，但那胡思乱想的自白，究竟是大胆的。就是诗，除论客所佩服的"悠然见南山"之外，也还有"精卫衔微木，将以填沧海，刑天舞干戚，猛志固常在。"之类的"金刚怒目"式，在证明着他并非整天整夜的飘飘然。这"猛志固常在"和"悠然见南山"的是一个人，倘有取舍，即非全人，再加抑扬，更离真实。……我每见近人的称引陶渊明，往往不禁为古人惋惜。(《鲁迅全集》卷六《题未定草》)

毫无疑问，鲁迅这里就是通过二分或三分的方法给我们描绘陶渊明的完整形象。

龚自珍在《书汤海秋诗集后》这篇短文里就集中地提出寻求诗家完整人格，完整风格的重要意义：

人以诗名，诗尤以人名，唐大家若李、杜、韩及昌谷、玉溪；及宋元眉山、涪陵、遗山，当代吴娄公，皆诗与人为一，人外无诗，诗外无人，其面目也完。

  益阳汤鹏，海秋其字，有诗三千余篇，芟而存之二千余篇，评者无虑数十家，最后属龚巩一言，巩祚亦一言而已，曰完。何以谓之完也？海秋心迹在是，所欲言者在是，所不欲言而卒不能不言在是，所不欲言而竟不言，于所不言求其言亦在是。要不肯捃撦他人之言以为己言，任举一篇，无论识与不识，曰：此汤益阳之诗。

龚自珍在这里提出这个"完"字，是既指诗，又指人的完字，不是理学家气味的"养天地正气，法古今完人"，"金要足赤，人要完人"的"完"字。但是，这个"完"字又是诗歌达到很高成就的标志，不是一般比较优秀的诗人都能达到的标志。这个"完"字有很丰富的哲理性，但又不是道貌岸然的伦理性。就高度方面说，它近似"诗圣"的水平。但这个"圣"，近于孟子所说的："伯夷，圣之清者也，伊尹，圣之任者也，柳下惠，圣之和者也，孔子圣之时者也。"不是独一无二，"抬到吓人的高度"的"圣"字。我们可以借用近代西学东渐以来常用的真善美的哲理、美学的观念来加以说明。"完"字不妨说是真善美的统一。

孟子所以认为清、任、和、时都可以为圣，就因为清、任、和、时表现了圣者的个性和真面目，说明他们是活的圣人，真的圣人，不是伪善的"乡愿"。至于《文心雕龙·情采》所说的"辞人赋颂，为文而造情。""故有志深轩冕，而泛咏皋壤；心缠几务而虚述人外。"元好问《论诗绝句》所说的"高情千古《闲居赋》，争识安仁拜路尘。"虽不必"因人而斥其文"，亦难言"诗外无人"，"诗与人为一"，距"完"字很远了。

龚氏以"完"字论诗只举唐以下寥寥数人，岂唐以前诗人皆未臻于"完"乎？龚氏未言，我本来亦无须为之补遗。唯陶诗一家，龚氏既有读陶三首，于其人其诗作了全面之评论，今略加引申，稍增其"完"字之涵盖面，即事而穷理，温故而知新，亦不违一介书生之本分。难道读陶三首不足以证明陶渊明"诗与人为一，人外无诗，诗外无人，其面目也完"么？陶渊明之成名远在其诗之前，不正是"诗尤以人名"么？反过来说，如果陶渊明够不上一个"完"字，一部诗史上还有几人够得上这个"完"字呢？

爱用"新"字的诗人

十几年前读韦应物的诗集，发现韦应物是一位最爱用

"绿"字的诗人,我从他的五百几十首诗中,一口气抄下了五六十个带绿字的诗句。当时写了一篇《爱用"绿"字的诗人》,那篇文章里曾把韦应物爱用"绿"字与陶诗罕用"绿"字作了一次对比。不料去年重读陶诗,又发现陶渊明是一位爱用"新"字的诗人,陶诗总数远比韦诗少,我不妨把集中带"新"字的诗句全部抄下:

竟用新好,以怡余情。(《停云》)
有风自南,翼彼新苗。(《时运》)
乃陈好言,乃著新诗。(《答庞参军》)
漉我新熟酒,只鸡招近局。(《归园田居》)
清歌散新声,绿酒开芳颜。(《诸人共游周家墓柏下》)
物新人惟旧,弱毫多所宣。(《答庞参军》)
春秋多佳日,登高赋新诗。(《移居二首》)
茅茨已就治,新畴复应畲。(《和刘柴桑》)
新葵郁北牖,嘉秘养南畴。(《酬刘柴桑》)
叩枻新秋月,临流别友生。(《辛丑岁七月赴假还江陵夜行涂口》)
鸟哢欢新节,泠风送余善。(《癸卯岁始春》)
平畴交远风,良苗亦怀新。(《同上》)

迢迢新秋夕，亭亭月将圆。(《戊申岁六月中遇火》)
凤鸟虽不至，礼乐暂得新。(《饮酒》二十首)
翩翩新来燕，双双入我庐。(《拟古九首》)
高酣发新谣，宁效俗中言。(《读山海经十三首》)
俎豆犹古法，衣裳无新制。(《桃花源记并诗》)

陶诗四言、五言共一百二十五首中，居然有十七个带"新"字的诗句。这十七句中，只有"新声"这个词，是成语典故。《国语·晋语八》："晋平公说新声。"但到《古诗十九首》"弹筝奋逸响，新声妙入神"，已成美妙乐曲的通称，其余新好、新苗、新诗、新畴、新葵、新熟酒、新秋月、新来燕等，都是陶诗中新用的词语。一读就懂，历来也都不加注释，就一个个单词单句说，用不着费笔墨。但为什么陶渊明前前后后用了这么多个新字，却很难说明白。

总的来说，这些诗句表示着诗人对自然、对生活有一种新的感受。但他所感受的都是平常的事物，平常的生活，显然只有和另一种生活、另一种环境相比较、相对照，他才会对这些事物、这种生活产生美好的、新鲜的感觉。以前，我在分析陶渊明那首名作《归园田居》第一首时，曾经指出诗中把他自己十三年来的仕途生活，比作"羁鸟""池鱼"，无时不在想念着"旧林""故渊"的自由天地。现在他像一只鸟儿从黑暗可怕的牢笼里飞了回来,日夜梦想着的田园景物又出现在他面前,他好像又重新开始了一种新的生活:"久在樊笼里,复得返自然!"一种自由、解放的舒畅心理洋溢在诗的字里行间。这一段话也许还可以作为一系列"新"的诗句出现的一种解释。

但是,我们的思想也还可以想得更广阔、更高一些。冯友兰先生几十年前写《新原人·天地》时说:

> 能知天者,不但他所行底事对于他另有新意义,即他所见底事,对于他亦另有意义。如《论语》说:"子在川上,曰:逝者如斯夫,不舍昼夜。"宋儒以为孔子于水之流行,见道体之流行。《中庸》引《诗》:"鸢飞戾天,鱼跃于渊。"宋儒以为于此可见"化育流行,上下昭察,莫非此理之用"。此说虽未必即《论语》《中庸》之本意,但水之流行,以及鸢飞鱼跃,对于知天者都可另有意义,这是可以说底。
>
> 事物的此种意义,诗人亦有言及者。王羲之《兰亭诗》云:"仰观碧天际,俯瞰绿水滨。寥阒无涯观,寓目理自陈。大矣造化工,万化莫不均。群籁虽参差,适我无非新。"陶渊明《饮酒》诗云:"结庐在人境,而无车马喧。问君何能尔,心远地自偏。采菊东篱下,

悠然见南山。山气日夕佳,飞鸟相与还。此中有真意,欲辨已忘言。"碧天之际,绿水之滨,以及南山飞鸟,即是一般人所常见者。虽即是一般人所常见者,但对于别有所见的诗人,则另有一种意义。故曰:"此中有真意,欲辨已忘言。"对于一般人说,此种意义是新底。任何事物,如有此种意义,则亦是新底。故曰:"群籁虽参差,适我无非新。"

冯先生认为知天的人对于自然、宇宙的觉解,与王羲之,陶渊明等诗人对宇宙自然的美感是相似相通的。任何事物,如果对它有这种觉解和美感,都可以说是新的。鲁迅先生说魏晋南北朝是文学自觉的时代,宗白华先生《论〈世说新语〉和晋人的美》里也说:

晋人向外发现了自然,向内发现了自己的深情。山水虚灵化了,也情致化了。陶渊明、谢灵运这般人的山水诗那样的好,是由于他们对于自然有那一股新鲜发现时身入化境浓酣忘我的趣味;他们随手写来都成妙谛,境与神会,真气扑人。

王羲之的《兰亭》诗……真能代表晋人这纯净的胸襟和深厚的感觉所启示的宇宙观。"群籁虽参差,适我无非新"两句尤能写出晋人以新鲜活泼自由自在的心灵领悟这世界,使触着的一切呈露新的灵魂,新的生命。……大诗人陶渊明的"日暮天无云,春风扇微和","即事多所欣","良辰入奇怀",写出这丰厚的心灵"触着每秒光阴都成了黄金"。

把宗先生所举的这些诗句,和我们所抄的一系列带"新"的诗句连接起来,不是使已发现的丰厚的心灵更加丰厚了么!

这段文章只当一个开始,证明陶渊明是爱用"新"字的大诗人,至于他一系列用"新"字的诗歌还有什么丰厚的内涵,在诗史上还有什么新的意义,相信以后还会出现更新、更丰富的答案。

附录四 阮籍、陶渊明,『垮掉的一代』?

最近几年，比较文学之风吹进了古典文学研究的园地，大家的眼界开阔了，思路灵活了，这是好事。但是，我们耳边眼前也不时接触到一些新奇的论调，例如庄子的散文、李贺的诗似"意识流"啦，陶渊明是"颓废主义"啦，最近又有人说，晋朝的阮籍、嵇康、吕安、向秀，还有孙登、陶渊明，都是"垮掉的一代诗人"。

有一点新奇的论调，并不一定是坏事。自清末西学东渐以来，历史文学界就颇流传过一些新奇的议论。如屈原的《离骚》是秦始皇博士的《仙真人诗》啦，墨子是印度人啦，大禹是一条虫啦，如此等等。近几年的新奇议论，就其"惊世骇俗"的程度来说，似乎比之前人也还略逊一筹。

本文只想讨论一下阮籍、陶渊明，能不能算"垮掉的一代"？

阮籍、陶渊明等人有其愤世嫉俗、狂放、怪诞的一面，这是众所周知的：

> 帝引为大将军从事中郎。有司言有子杀母者，籍

曰:"嘻!杀父乃可,至杀母乎!"坐者怪其失言。帝曰:"杀父,天下之极恶,而以为可乎?"籍曰:"禽兽知母而不知父,杀父,禽兽之类也;杀母,禽兽之不若。"众乃悦服。(《晋书·阮籍传》)

司马氏为了篡位很提倡孝道,主张以孝治天下。因为,"若主张以忠治天下,他们的立脚点便不稳,办事便棘手,立论也难了,所以一定要以孝治天下。"① 阮籍的迹近灭伦的狂言实质是和司马昭开玩笑的,是有激而言,在实际行动上,阮籍却是一个以"事母至孝"闻名的孝子。又如:

邻家少妇有美色,当垆沽酒。籍尝诣饮,醉,便卧其侧。籍既不自嫌,其夫察之,亦不疑也。(同上)

爱美而居然不顾礼法,居然又能获得少妇丈夫的谅解,可见其行为之大胆。虽迹近流氓,而内心之纯洁,实不让儿童。他的八十多首《咏怀诗》,虽然有不少难懂的,但也有一部分,可以窥见其忧愤之深广。钟嵘说他:"言在耳目之内,情寄八荒之表。"黄节说他:"志在济世,而迹落穷

---

① 《魏晋风度及文章与药及酒之关系》鲁迅。

途;情伤一时,而心存百代。"肯定得并不过分。

至于陶渊明,除了不肯为五斗米折腰而自动辞官这件事颇使同时代人惊讶而外,他的行为是很平和的。他的诗,除《述酒》等少数篇章而外,也是平易近人的。但语言的朴素平易,并不掩盖他精神世界的深邃与丰富。就举他的《庚戌岁九月中于西田获早稻》这首诗来说吧:

人生归有道,衣食固其端。
孰是都不营,而以求自安!
开春理常业,岁功聊可观。
晨出肆微勤,日入负禾还。
山中饶霜露,风气亦先寒。
田家岂不苦,弗获辞此难。
四体诚乃疲,庶无异患干。
盥濯息檐下,斗酒散襟颜。
遥遥沮溺心,千载乃相关。
但愿长如此,躬耕非所叹。

查一下历史,就在这一年的二月到八月他的家乡浔阳,发生了卢循义军与刘裕官军的激烈拉锯战,江州刺史何无忌战死。但是在他的诗里,只是反复地咀嚼着人生衣食的常理，认真地描述着春种秋收的常业，对战争一字不提。在如此动乱的年月，如此动乱的地方，他能写出这样平静自然的诗，应该说是一个奇迹。他多么像一个饱经忧患而能处变守常的老农民啊！他不提战事并不是什么逃避现实，而是以沉默回答现实，无怪萧统说他的诗是"语时事则指而可想"！

总之，阮籍、陶渊明虽然或多或少有一些为常人所视为狂、怪的言行，但他们都不是故意做一些与众不同的行为，以掩盖自己的庸俗与空虚。他们的诗文，虽然或多或少有难懂之处，也并不是故意弄一些玄虚晦涩的词句以掩盖自己的贫乏与浅薄。我没有会见过国外的垮掉的一代的诗人，也没有拜读过他们的诗集，但据说这类作家的内心是颇为空虚可怜的，用他们来比阮、陶两人，或用阮、陶两人来比拟他们，我总觉得颇有些不伦不类。阮、陶两人无论对现实有多么深刻的不满，他们从没有失去自己的信念，没有承认自己是什么"垮掉的一代"。如果再把朱熹、辛弃疾、龚自珍、谭嗣同等评论陶渊明的话引出来，陶的形象就更高了。阮、陶的诗诚然"无法动摇他们那个社会"，但他们却可以证明，他们并没有对那个社会屈服。

新奇的论调，并不一定是坏事。但新奇的东西未必都经得住时间的检验，未必都经得住实事求是的科学分析。

据说美国的一位垮掉的一代诗人很喜欢寒山和尚的诗和禅宗的语录,很向往东方哲学和文学的神秘。寒山子的诗里,就有这样的名句:

　　未必长如此,芙蓉不耐寒。

　　根据不足的新奇论调,其寿命也不过是不耐寒的芙蓉而已!

别录

陶渊明年谱

晋哀帝兴宁三年　乙丑（365）
一岁，生于江州豫章郡康乐县义钧乡七里山安成

正月，皇后王氏卒。二月，哀帝崩于西堂，年二十五，无嗣，弟琅琊王奕嗣位，是为废帝海西公。二月，加江州刺史桓冲监江州及荆、豫八郡诸军事、假节。

六月十五，陶渊明出生在七里山安成，字元亮，入宋更名潜。曾祖陶侃，晋大司马，封长沙郡公。祖陶茂，武昌太守。父陶敏，安成太守。母孟氏，长史孟嘉第四女。

晋海西公太和元年　丙寅（366）
二岁，居七里山安成

十月，会稽王司马昱为丞相。

晋海西公太和三年　戊辰（368）
四岁，居七里山安成

加大司马桓温殊礼，位诸侯王上。

程氏妹生。

晋海西公太和四年　己巳（369）

五岁，居七里山安成

四月，大司马桓温伐燕；九月，温大败，死三万余人。桓玄生。

晋简文帝咸安元年　辛未（371）

七岁，居七里山安成

五月，桓冲欲以扬州让谢安，诏以冲都督徐、豫、兖、青、扬五州诸军事、徐州刺史，镇京口。九月，帝讲《孝经》始览典籍，延儒士。

是年，渊明随父任至安成（今江西安福县境内）。

晋简文帝咸安二年　壬申（372）

八岁，居七里山安成

正月，降司马奕为海西县公。七月，简文帝卒，太子司马子曜即位。是岁，三吴（吴郡、吴兴、义兴）大旱，人多饿死。

渊明丧父。

晋孝武帝太元元年　丙子（376）

十二岁，居七里山安成

春正月，改元。徐州刺史桓冲为车骑将军，都督豫、江二州六郡三诸军事，浔阳在六郡内。

庶母卒。

晋孝武帝太元四年　己卯（379）

十五岁，居七里山安成

是年大旱，瘟疫流行。

慧远与其弟慧持等到荆州上明寺。

晋孝武帝太元九年　甲申（384）

二十岁，居七里山安成

桓伊迁都督江州荆州十郡豫州四郡军事、江州刺史，造龙泉精舍。

颜延之生。

渊明独游至幽州（今河北省东北部）、张掖（今甘肃省内）。(《拟古九首》其八："少时壮且厉，抚剑独行游。谁言行游近？张掖至幽州。")

晋孝武帝太元十年　乙酉（385）

二十一岁，居安成东北陶家园

八月，谢安卒，琅琊王司马道子都督中外诸军事，代谢安执国政。十月论淝水之功追封谢安为庐陵郡公，封谢玄为康乐公，谢琰为望蔡公。谢灵运生。

家遭不幸。渊明从张掖、幽州远游回宜丰故里，绕道父任宦地安成。所置园田为康乐县公谢玄侵夺。盖因渊明外祖父孟嘉尝依附桓温。桓温曾欲杀谢安。谢氏仇恨孟嘉及孟婿陶敏，故借以并陶产。渊明从安成移居安成东北陶家园。《怨侍楚调示庞主簿、邓治中》中有"弱冠逢世阻"句，即指此难。

是年建书堂于崇贞观侧、建柳斋于宅左数武处。

晋武帝太元十五年　庚寅（390）

二十六岁，居南山

司马道子恃宠骄恣，帝不能平，以中书令王恭为都督青兖幽并冀五州诸军事、兖青二州刺史，镇京口，以潜制道子。

渊明娶王氏、构庐南山。

是年，渊明远游东隅，即曲阿，今江苏省丹阳县。(《饮酒》二十首其十："在昔曾远游，直至东海隅。……此行谁使然，似为饥所驱。"）又去过钱溪，今安徽省贵池县梅根港。(《乙巳岁三月为建威参军使都经钱溪》："我不践斯境，岁月好已积。晨夕看山川，事事悉如昔。"）

晋孝武帝太元十六年　辛卯（391）
二十七岁，居南山

江州刺史王凝之集中外僧徒八十八人，于浔阳精舍翻译佛经。

是年冬，渊明建读书堂于浒溪山下延禧琳宇侧。遗址尚存。

晋孝武帝太元十七年　壬辰（392）
二十八岁，居南山

十月荆州刺史王忱卒。十一月以黄门侍郎殷仲堪为都督荆、益、宁三州诸军事、荆州刺史，镇江陵。

是年春，渊明与禅师慧远在秀溪宅后龙山共建潜慧寺。冬，渊明又在桂林山建桂林山寺。

晋孝武帝太元十八年　癸巳（393）
二十九岁，居南山

六月始兴、南康、庐陵大水，七月大旱。司马徽聚众于马头山反、刘牢之遣将讨平之。十月后秦姚苌死,其子姚兴继位。

亲老家贫,起为江州祭酒,奉母(孟氏)、携妻(王氏)及子俨离开故里南山到江州赴任,理五斗米道科仪事,不堪吏职,少日自解归,州召主簿不就。主簿,主管文书。(《饮酒》二十首)其十九:"投耒去学仕……是时向立年"。《杂诗》十二首其九:"遥遥从羁役,一心处两端。掩泪泛东逝,顺流追时迁。……慷慨思南归,路遐无由缘,关梁难亏替,绝音写斯篇"。)

是年,长子俨生,小字舒。

晋孝武帝太元十九年　甲午(394)
三十岁,居浔阳

七月,荆、徐二州大水,伤秋稼。

王氏卒。

晋孝武帝太元二十年　乙未(395)
三十一岁,居浔阳

司马道子专权奢纵,帝擢王恭、郗恢、殷仲堪等使居内外要任,以防道子。道子亦引王国宝等为心腹。于是朋党竞起,朝政益乱。

继娶庐山隐士法赐之妹（浔阳翟氏），名玉英。

作《闲情赋》。

晋孝武帝太元二十一年　丙申（396）

三十二岁，居浔阳

九月，帝嗜酒，为张贵人所弑。太子即位，是为安帝。安帝幼而痴，虽寒暑饥饱不能辨。会稽王司马道子以王国宝、王绪为心腹，参管朝政。

次子俟生，小字宣。

晋安帝隆安元年　丁酉（397）

三十三岁，居浔阳

四月，荆州刺史王恭举兵讨王国宝。司马道子杀国宝，恭乃罢兵。荆刺史殷仲堪闻国宝死，亦抗表举兵，道子以书止之。

晋安帝隆安二年　戊戌（398）

三十四岁，居浔阳

七月，王恭与荆州刺史殷仲堪、广州刺史桓玄、南蛮校尉杨佺期等同盟举兵讨司马道子。九月，王恭兵败被杀。十月殷仲堪、桓玄、杨佺期等，盟于浔阳，共推桓玄为盟主。朝廷诏桓玄为江州刺史。

三子份（阿雍）、四子佚（阿端）生。（《责子》："阿宣行志学，而不爱文术。雍端年十三，不识六与七。"由此可知雍、端同岁，比阿宝小二岁。）

晋安帝隆安三年　己亥（399）

三十五岁，居浔阳，仕荆江二州刺史桓玄参军

五斗米道首领孙恩攻会稽，杀内史王凝之，旬日之间奄有八郡，众数十万。卫将军谢琰，辅国将军刘牢之发兵击之。十二月桓玄袭杀荆州刺史殷仲堪，南蛮校尉杨佺期，自领荆、江二州刺史。

渊明被荆、江二州刺史桓玄命为军府参军，与庞遵二人共同掌管军府的文书簿籍。

晋安帝隆安四年　庚子（400）

三十六岁，居浔阳，任荆、江二州刺史桓玄参军

桓玄都督八州及扬、豫八郡诸军事、兼荆州江州刺史、镇江陵。五月，孙恩陷会稽，内史谢琰战死。十一月诏镇北将军，刘牢之都督会稽等五郡，帅众未恩。

渊明盖此年初奉桓玄命使都，五月从都还阻风于规林。六月五子佟生。是年冬回浔阳，于祖居中过年。

作《庚子岁五月中从都还阻风於于规林》诗二首。

晋安帝隆安五年　辛丑（401）
三十七岁，居浔阳，仕荆江二州刺史桓玄参军

孙恩入陷吴国，杀内史袁山松。刘牢之遣刘裕击破之。桓玄闻孙恩逼进京师，复上疏请讨之，诏止之。

是年刘遗民为柴桑令。

渊明在浔阳家中迎新年，正月五日与二三邻曲同游斜川。不久即返荆州江陵桓玄幕。七月初，复回浔阳休假。七月末再返江陵。冬，母孟氏卒，渊明还浔阳居丧。

晋安帝元兴元年　壬寅（402）
三十八岁，居浔阳

春正月，下诏罪状桓玄，骠骑大将军司马元显以镇北将军刘牢之为前军都督，率军讨桓玄。二月，桓玄东下过浔阳，至姑孰。三月，牢之遣子敬宣诣玄请降。玄入京师，杀司马元显、司马道子，总揽朝政，改元大亨。孙恩屡败，乃赴海死。余众数千人复推卢循为主。

刘遗民弃官隐居庐山，七月，与慧远等一百二十三人结白莲社建斋立誓，共斯西方，作《誓愿文》。

是年渊明在家居丧。

晋安帝元兴二年　癸卯（403）

三十九岁，居浔阳

二月，桓玄自称大将军，八月自号相国、楚王。刘裕破卢循于永嘉。十一月，安帝禅位于楚。十二月，玄即皇帝位，改元永始，以安帝为平固王，迁于浔阳。

渊明在家居丧。

始春察古田舍农事。作《癸卯岁始春怀古田舍二首》《和郭主簿》《癸卯岁十二月中作与从弟敬远》。

晋安帝元兴三年　甲辰（404）

四十岁，居浔阳，任刘裕镇军参军

二月，刘裕帅何无忌、刘毅等举兵讨伐桓玄。三月刘裕为镇军将军，都督八州诸军事。四月桓玄挟安帝至江陵。刘裕诸将与玄军战于溢口，大破之，进据浔阳。加刘裕都督江州诸军事，刘敬宣迁建威将军、江州刺史。五月刘毅与桓玄大战于峥嵘洲，桓玄兵败被杀。卢循陷广州，称平南将军。

渊明服丧而毕，作刘裕镇军参军，东下赴京口。

作《始作镇军参军经曲阿作》《停云》《时运》《荣木》《连雨独饮》。

晋安帝义熙元年　乙巳（405）

四十一岁，居浔阳，为刘敬宣建威参军，八月任彭泽县令。

正月，刘毅入江陵，桓振众溃。改元。三月晋安帝反正，自江陵，还京师。以刘裕为侍中、车骑将军、都督中外诸军事，徐、青二州刺史如故。刘毅使人言于裕曰，刘敬宣不豫建义，不宜为江州。敬宣不自安、自表解职，乃召还为宣城内史。四月刘裕旋镇京口，改授都督荆、司等十六州诸军事，加领兖州刺史。

三月，渊明奉刘敬宣命至建康，又到叔夔族居地钱溪会见族人。是秋，八月经叔夔荐为彭泽令。十一月"我岂为五斗米折腰向乡里小儿！"即解印绶。是年，程氏妹卒于武昌。

作《乙巳岁三月为建威参军使都经钱溪》诗、《归去来兮辞·并序》。

晋安帝义熙二年丙　午年（406）

四十二岁，居浔阳

十月，尚书论建义功，封刘裕豫章郡公，刘毅南平郡公，何无忌安成郡公。十二月，以何无忌为都督荆、江、豫三州八郡诸军事、江州刺史。

抚军将军刘毅镇姑孰，以谢灵运为纪室参军。刘毅命周续之为抚军将军参军,晋帝征太学博士,续之皆不就。

晋安帝义熙三年　丁未(407)
四十三岁,居浔阳

刘裕诛东阳太守殷仲文,南蛮校尉殷叔文,晋陵太守殷道叔,永嘉太守骆球及桓胤,并夷其族。

五月六日,程氏妹服制再周。

作《祭程氏妹文》。该祭文作于是年五月。这时距程氏妹卒已满十八个月,故曰服制再周。

晋安帝义熙四年　戊申(408)
四十四岁,居浔阳

正月,刘毅不欲刘裕入朝辅政,议以谢混为扬州刺史。裕用参军刘穆之计、至京师,遂为侍中,扬州刺史、尚书事、徐、兖二州刺史如故。

六月中,浔阳旧宅遇火,燔毁殆尽,举家寄栖舟中。

作《戊申岁六月中遇火》诗。

晋安帝义熙五年　己酉(409)
四十五岁,居浔阳

三月,刘裕抗表伐南燕。四月,发建康,帅舟师自淮入泗。五月，至下邳，步进至琅琊。六月，至东莞、下临朐，围广固。北方之民执兵负粮归裕者，日以千数。九月加刘裕太尉，裕固辞。

渊明修葺茅茨，徙居西庐。

作《己酉岁九月九日》《和刘柴桑》《酬刘柴桑》《责子》诗。

晋安帝义熙六年　庚戌（410）
四十六岁，居浔阳西庐

二月，刘裕下广固城，俘慕容超，送建康斩之（南燕亡）。三月，广州刺史卢循举兵反，进据浔阳，江州刺史何无忌战死。五月，卫将军刘毅迎击卢循，败绩。六月，庚悦为建威将军、江州刺史，授刘裕太尉、中书监，加黄钺，裕受黄钺，余固辞。七月，卢循攻荆州败，自蔡州至浔阳。十二月，刘裕破卢循于豫章。

渊明避战乱，至九月中乃获早稻。四体诚疲，幸无异患，隐心愈固。

作《庚戌岁西田获早稻》《悲从弟仲德》诗。

晋安帝义熙七年　辛亥（411）
四十七岁，居浔阳南里

三月，刘裕始授太尉、中书监。四月，卢循败奔交州，刺史杜慧度大破之，循于龙编投水死。后将刘毅任江州都督兼刺史，移镇豫章。毅以亲将赵恢领千兵守浔阳。谢灵运"亦随刘毅至江州。入庐山，见慧远"。

从西庐移居南里，与颜延之结邻，八月，从弟敬远卒。作《移居二首》《祭从弟敬远文》。

晋安帝义熙八年　壬子（412）
四十八岁，居浔阳南里

刘毅自谓复兴晋室、功业足与刘裕相抗，虽权事推裕而心不服。毅既据上流，阴有图裕之志，求兼督交、广二州，裕许之。九月裕以诏书罪状刘毅，并收毅弟刘藩、尚书仆射谢混，皆赐死。既而帅师讨刘毅于江陵，毅败自缢而死。是年孟怀玉为江州刺史，省浔阳县入柴桑县，柴桑乃为郡治。殷景仁被命为太尉刘裕参军，自浔阳南里移家东下。

作《与殷晋安别并序》。此诗乃渊明追述与殷晋安同游共处之乐，缅怀于彼此之间的深厚情谊；殷因调职太尉参军自浔阳移家东下，作此诗相赠。

晋安帝义熙九年　癸丑（413）

四十九岁，居浔阳南里

前将军诸葛长民及其弟辅国将军诸葛黎民贰於刘裕。刘裕自江陵还都，即并杀之。七月，朱龄石伐蜀克成都，斩蜀王谯纵。

征著作佐郎，不就。刘遗民亦于本年辞昭命。渊明与雁门周续之、彭城刘遗民并称为"浔阳三隐"。

作《五月旦作和戴主簿》和《形影神三首》。

晋安帝义熙十年　甲寅（414）

五十岁，居浔阳旧居

司马休之在江陵，颇得江、汉民心。三月休之子文思捶杀国吏，刘裕诛其党而执文思送休之，意欲休之杀之。休之但表废文思，裕不悦，以江州刺史孟怀玉兼督豫州六郡以备之。

是年，渊明从南里归旧居。

作《还旧居》诗。

晋安帝义熙十一年　乙卯（415）

五十一岁，居浔阳旧居

正月，太尉刘裕率师征讨荆州刺史司马休之。休之上表罪刘裕，举兵抗之、兵败。刘裕军于江陵，休之奔后秦。诏刘裕大傅、扬州牧，剑履上殿，入朝不拜。四月，青、冀二州刺史刘敬宣被其参军司马道子小将猛子所杀。

江州刺史孟怀玉卒于官。后将军刘柳由吴国内史转为江州刺史，颜延之为刘柳后军功曹居浔阳。是年，刘遗民卒。

渊明思归宜丰故里，病疾加剧而止。

作《杂诗十二首》《挽歌诗三首》。

晋安帝义熙十二年　丙辰（416）
五十二岁，居浔阳旧居

春、殷晋安为刘裕太尉参军，移家东下。正月，加太尉刘裕兖州刺史，都督南秦州，凡都督二十二州。二月加刘裕中外大都督。六月，江州刺史刘柳卒，檀韶继为江州。颜延之离开江州返建康，任豫章公世子中军行参军。八月，刘裕帅师发建康北伐后秦姚泓。十二月，诏以裕为相国、宋公。

渊明与颜延之结邻，过从甚密。八月，檀韶请周续之出州，与祖企、谢景夷三人，共在城北讲《礼》，加以雠校。八月中于下潠田刈稻。是年冬，与翟氏携幼子佟回归宜丰故里，葺理南山旧宅而居，名旧宅"园田居"。

作《示周续之祖企谢景夷三郎》《酬刘柴桑》《丙辰八

月中于下潠田舍获》诗。

晋安帝义熙十三年　丁巳（417）
五十三岁，居南山"园田居"

八月，晋将王镇恶入长安，姚泓降，后秦亡。九月刘裕至长安，送姚泓于建康，弃市。十一月，刘裕以次子义真为都督雍、梁、秦三州诸军事，安西将军，领雍、东秦二州刺史。十二月，刘裕东还。

八月，释惠远卒。谢灵运《庐山慧远法师诔》："春秋八十有四，义熙十三年秋八月六日薨。"

是年，在南山下之秀溪兴建"松菊园""菊轩""柳斋"等，在此种植菊花，栖憩休闲。

作《赠羊长史并序》、《归园田居五首》、《归鸟》、《饮酒》二十首。

晋安帝义熙十四年　戊午（418）
五十四岁，居南山"园田居"

六月，刘裕受相国、宋公、九锡之命，行参军殷景仁为秘书郎。十一月关中复失。十二月，刘裕杀晋安帝司马德宗于东堂、立司马德文，是为恭帝。是年六月王弘为刘裕尚书仆射，同年迁监江州豫州之西阳、新蔡二郡诸军事，抚军将军、江州刺史。永初元年，加散骑常侍。三年入朝。

渊明征著作佐郎不就。日游秀溪之境。

是年张野卒。

作《怨诗楚调示庞主簿邓治中》。

晋恭帝司马德文元熙元年　已未（419）
五十五岁，居南山"园田居"

七月，宋公刘裕入朝受进爵为王之命，裕辞。八月，移镇寿阳。十二月，刘裕加殊礼，进王太妃为太后，世子为太子。

在故里秀溪"环秀居"课耕论道。从此后人叫其地为"贤讲"。

作《桃花源记》《桃花源诗》《诸人共游周家墓柏下》。

宋武帝永初元年　庚申（420）
五十六岁，居南山"园田居"

六月，刘裕篡晋，称宋，即皇帝位。废晋恭帝为零陵王，改元永初。诏晋氏封爵，当随运改，独置始兴，庐陵、始安、长沙、康乐五公，降爵为县公及县侯，以奉王导、谢安、温峤、陶侃、谢玄之祀。

渊明更名为潜。以示对刘裕篡晋的不满。

作《五柳先生传》,号五柳先生,此传乃自述其生。渊明有感于易代,又作《拟古九首》。

宋武帝永初二年　辛酉(421)
五十七岁,居浔阳旧居
九月,刘裕以毒酒一瓮授前琅琊令张祎,使鸩杀零陵王司马德文。祎自饮而卒。裕乃令兵人以被掩杀零陵王。

渊明是年春,离开宜丰故里往柴桑视其子俨等。

秋,渊明应江州刺史王弘之邀,参加在湓口为庾登之入京都、谢瞻赴豫章所设的送别宴,作诗《于王抚军座送客》。

同年又作诗《述酒》,乃为零陵王逝而作的哀诗。

宋武帝永初三年　壬戌(422)
五十八岁,居浔阳旧居
正月,徐羡之为司空、录尚书事,江州刺史王弘以抚军将军进号卫将军。五月,宋武帝刘裕卒,太子义符即帝位,是为少帝。

作《读山海经十三首》。

宋少帝景平元年　癸亥（423）
五十九岁，居浔阳旧居

正月，大赦，改元。四月檀道济北征。闰四月，魏拔宋虎牢，占领司、豫、兖郡县，十一月，魏攻许昌、汝阳，宋兵溃。

作《感士不遇赋并序》。

宋文帝元嘉元年　甲子（424）
六十岁，居浔阳旧居

南豫州刺史庐陵王义真，与太子左卫率谢灵运、员外常侍颜延之等情好款密，尝云："得志之日，以灵运、延之为宰相"，灵运亦自谓才能宜参权要，常怀愤悒。录尚书事徐羡之等以为灵运、延之构扇异同，非毁执政、出灵运为永嘉太守，延之为始安太守。五月，王弘、檀道济入朝，与徐羡之等共谋废立。六月，废义符为营阳王，旋又杀之。八月，宜都王义隆入篡皇位，致景平二年为元嘉元年。徐羡之进位司徒，王弘进位司空，傅亮加开府仪同三司，谢晦进号卫将军，檀道济进号征北将军。

是年，颜延之为始安太守（郡所在今桂林市），道出浔阳，以钱贻陶。

渊明久病。

春作五言《答庞参军》诗，冬作四言《答庞参军》诗。

宋文帝元嘉三年　丙寅（426）
六十二岁，居浔阳旧居。

正月，帝下诏暴徐羡之、傅亮、谢晦杀营阳、庐陵王之罪，命有司诛之。羡之自经死，亮被收诛死。晦时为荆州刺史帝发兵讨晦。帝以王弘、檀道济始不预废弑之谋、弘弟昙首又为帝所亲委、遂征王弘为侍中、司徒、录尚书事、扬州刺史。二月，帝发建康。刘彦之、檀道济大破荆州刺史谢晦，晦被擒送京师斩首。三月，帝还建康，征谢灵运为秘书监。颜延之为中书侍郎。五月，檀道济为征南大将军，开府仪同三司、江州刺史。

檀道济往候渊明馈以粱肉。渊明麾而去之。

作《有会而作并序》《乞食》《咏贫士》诗。

宋文帝元嘉四年　丁卯（427）
六十三岁，居浔阳旧居

九月，渊明自恐大限将至，作《挽歌诗》三首、《自祭文》。

是年秋，渊明卒于浔阳某里，归葬宜丰故里。

颜延之作《陶徵士诔》曰："春秋若干，元嘉四年月日，卒于浔阳县之某里。""询诸友好,宜谥曰靖节徵士。"渊明以此谥号靖节,后世称靖节先生。

(本年谱由本书编写组整理。)

领读 精神建筑师

他们的故事　我们的底色